中国科协学会学术部项目资助

CEO 初任指南

——给协会首席执行官的忠告

〔美〕贝丝·布鲁克斯　著

吕　潇　译

戴子珺　**审校**

中国科学技术出版社

·北　京·

图书在版编目（CIP）数据

CEO 初任指南：给协会首席执行官的忠告 /(美) 贝丝·布鲁克斯著；吕潇译 . — 北京：中国科学技术出版社 , 2019.5

书名原文：The New CEO's Guide：Advice for the First-Time, Aspiring, or Current Association Executive

ISBN 978-7-5046-8270-3

Ⅰ. ① C… Ⅱ. ①贝… ②吕… Ⅲ. ①企业管理 Ⅳ. ① F272

中国版本图书馆 CIP 数据核字（2019）第 058052 号

著作权合同登记号：01-2017-2254

　　本书中文版由美国社团管理者协会和社团领导力中心授权中国科学技术出版社独家出版，未经出版者许可不得以任何方式抄袭、复制或节录任何部分

策划编辑　单　亭
责任编辑　梁军霞　崔家岭
封面设计　中文天地　袁心笛
责任校对　蒋宵宵
责任印制　马宇晨

出　　版　中国科学技术出版社
发　　行　中国科学技术出版社发行部
地　　址　北京市海淀区中关村南大街16号
邮　　编　100081
发行电话　010-62173865
传　　真　010-62179148
网　　址　http://www.cspbooks.com.cn

开　　本　787mm×1092mm　1/16
字　　数　200千字
印　　张　13
版　　次　2019年5月第1版
印　　次　2019年5月第1次印刷
印　　刷　北京华联印刷有限公司

书　　号　ISBN 978-7-5046-8270-3 / F·879
定　　价　45.00元

致　　谢

关于"我应该写本有关什么的书"这件事，许多人大都是脑袋里想想或嘴上说说，但都没有付诸行动。

很显然，我就是常常把这样的话挂在嘴边的人。得克萨斯州社团管理者协会（Texas Society of Association Executives）会籍协调员贝琪·福克总是问我："你总这样说，但你到底打算什么时候开始写这本书呢？"贝琪，真的很感谢你对我只说不做行为的质疑。

这一出版项目集结了诸多人的心血，是一本真正对管理经验的汇编总结，这其中包括了我从业30多年来的经验以及与我共事、成长的志愿者和同事的经验。我要感激每一位指导过我如何更出色地完成工作的志愿董事会成员和主席，首先要感谢的就是得克萨斯州牙科协会（Texas Dental Association）的主席。我还想特别提出感谢的是来自得克萨斯州害虫防治协会（Texas Pest Control Association）的10位主席和来自得克萨斯州社团管理者协会的13位主席，非常有幸能与他们一起共事。

此外，国家协会共同体的成员尤其是国家协会联盟（Alliance of State Associations）对本书的创作给予了大力支持。在这里，我要特别感谢吉姆·安德森（注册社团管理师[①]）、温迪·卡瓦纳（注册社团管理师）、莱

[①]　注册社团管理师（Certified Association Executive，CAE）是对协会管理者的一个专业资质认证。有两个不同的认证机构提供注册社团管理师，一个是由美国社团管理者协会提供的美国认证，另一个是由加拿大社团管理者协会（CSAE）提供的加拿大认证。协会管理从业者必须达到一定的教育程度、具备一定的实践经验并且通过考试才能拿到注册社团管理师称号。

斯利·墨菲（注册社团管理师）、吉姆·汤普森（注册社团管理师）、琼·泰札克（注册社团管理师）以及夏恩·耶茨（注册社团管理师），感谢你们一直以来为我加油鼓劲。

还有太多的感谢要献给我的良师益友——鲍勃·哈里斯（注册社团管理师），对于我是否能真正完成本书的撰写工作，他从未表示过怀疑。这里还要特别提到为本书贡献案例的协会管理者们，他们包括：丹尼·詹姆斯（注册社团管理师）、凯瑞·斯塔克波尔（注册社团管理师）、大卫·甘默尔（注册社团管理师）、谢莉·奥尔康（注册社团管理师）、格雷格·芬（注册社团管理师）、玛丽·罗根（注册社团管理师）、乔治·艾伦（注册社团管理师）以及皮特·奥尔曼（注册会计师）和尼特·桑德斯（得克萨斯州社团管理者协会财务总监）。

还要感谢我的智囊团，他们帮忙审阅本书内容并为我提供宝贵的反馈意见，他们包括：JJ·科尔伯恩（注册社团管理师）、盖瑞·拉布兰切（注册社团管理师）、唐·海登（注册社团管理师）、南希·琼斯（注册社团管理师）、马克·艾伦（注册社团管理师）、罗宾·潘诺维什（注册社团管理师）以及加伯利·埃克特（注册社团管理师）。

要特别感谢唐·海登（注册社团管理师），他甚至在我还未确定本书框架时就已经作为我的读者和支持者而存在了，并且他还花费大量时间阅读我的著作并提供指导意见。还要特别感谢我的好友玛丽·兰格（注册社团管理师），她总是一直鼓励我并且饶有兴趣地倾听我的创作历程。

还要感谢监管本书生产印刷工作的美国社团管理者协会（ASAE）的工作人员，他们是：基斯·斯基尔曼（注册社团管理师）和巴伦·威廉姆斯（注册社团管理师）。

还要谢谢那些对本书创作进度给予热切关心的人们，你们可能还没有意识到，仅仅是一句问候就给予了我莫大的鼓励和支持。

另外，本书如果没有格伦·纳尔逊这位出色的写作专家指导的话是无法按时完成的，他很乐意与我一起思考、梳理本书内容，并且在我写作过程中给予指导。还有琳达·钱德勒，她是一位有着丰富协会管理经验的得克萨斯州同乡，是她对我本书的终稿进行了编辑。

还要向鼓励、帮助和指导我的得克萨斯州社团管理者协会的全体会员和员工表示感谢，能成为这个大家庭的一员真的很棒。

在这里还要特别感谢我的丈夫——大卫，他在我创作本书的 4 个月里承担了所有采购、做饭等家务劳动。感谢你在我自愿承担这份"兼职工作"期间给予我的鼓励。

最后还要特别感谢我们的儿子——马修，他无时无刻不在督促鼓励我要做得更好。

所以，请阅读这本指南吧，我相信有一天你会成为一名出色的协会管理专家。

序

首席执行官（Chief Executive Officer，以后称 CEO）的工作说起来也就那么回事。按照协会招聘委员会的话来说，CEO 要做的不过就是发行季度会刊、做好财政报告、确保收支平衡，顶多再加上个计划董事会会议和协会年会也就够了。

他们想知道你是否能够使用 QuickBooks（一种小型商务财务软件），了解掌握有关互联网的工作内容。在执行委员会看来，他们要寻找的是一位能够胜任所有这些工作任务的人。

这话听起来挺直截了当的，甚至感觉这份工作挺简单容易的。

好吧，也许真的如此吧。

但等到一个月之后，你就会发现自己正在做（或正在学习去做）包括制定战略规划、销售贸易展位、策划教育项目、阅读复杂合同条款、研究政策、发布会费通告、跟进会员招募情况、向立法者进行游说、调研走访协会分部以及出版会刊等在内的一系列工作。

哇！这看起来好像是招募委员会故意没有提到作为 CEO 会有这么多的工作要完成。

在美国，大约有 67000 个经美国国税局（Internal Revenue Service，IRS）认证的贸易协会和专业社团，这一数量在全世界范围内可能多达上百万个。大多数的协会规模很小，有些协会的员工不超过 10 个人。每个协会都有自己的董事会，并且通常都配备了全职员工。如果你被聘任为一个协

会的执行董事 ①（或是你想担任这样的职位），那么你应当具备怎样的素养才能胜任协会领导者职位呢？董事会需要的又是什么？什么才是一名协会CEO 真正要做的？

这本书会告诉你答案。

实际上，大多数协会的专业管理人士都是误打误撞进入这一行业的。其中具备相关大学课程培训经验，尤其是具备非营利组织管理方面专业培训的人少之又少。许多人之所以加入这个行业是被协会的工作内容所吸引，有些人是从董事会的服务岗位上调任而来，有些人则是从协会的员工中提拔而来。但是大多数人（事实上，在我看来这一比例应该超过90%）进入协会工作是出于"偶然"，他们应招了一个定义含糊的职位，结果便成了一名协会CEO。

CEO 的工作一开始看起来似乎很容易：就是到处走走看看、做做调研、出席一下会议，然后让董事会来做所有决定就行了。但是实际上，这份工作需要你与员工和董事会成员一起，共同努力来管理一个如同公司一样高速运转的组织。

这份工作并不像公司企业似的，仅仅是做好投资者、顾客或消费者的服务工作就足矣了；你必须还要服务你的会员，即那些在通常情况下每年以交付年费的形式来加入协会的人们。

而由此开始 CEO 的工作内涵就要发生一些动态变化了。

作为协会的执行管理者，你必须深谙志愿者管理、项目管理和办公室人事管理之道，并且要掌握沟通联络技巧和技术应用手段。在董事会领导层方面，你的工作还会涉及市场、销售、政务等一切事务范畴。

本书作者贝丝·布鲁克斯（注册社团管理师）已经通过她 30 年来的成功经验证明了自己。她在管理创新方面的成就享誉美国，并且还是一名值得尊敬的协会管理教师。本书的价值就在于，它融合了管理方面的核心知识和

---

① 在本书中，作者将"执行董事"一词与 CEO 作为等同含义，替代使用。在后文中会有具体说明。——译者注

实践经验，并且贝丝从不吝啬分享她的成功经验、意见建议和最佳实践案例。书中的每一个章节都能为你提供具有价值性、实践性的建议。可以说，能够获得贝丝如此乐于分享的真知灼见，花再多的钱也不为过。作者贝丝关注协会的成就、关注员工和志愿领导本身，通过本书的撰写，她能够将自己的所思所想在整个行业内传播。

《CEO 初任指南——给协会首席执行官的忠告》是任何一位刚刚就任 CEO 的新手必看的书籍，不论你是从以前的执行主管职位调任过来的，还是刚刚接触 CEO 工作，哪怕是协会的员工、志愿领导，只要是立志成为协会 CEO 的人，都应该阅读此书。

不论什么情况，只要你任职于协会领导者岗位，本书内容对你来说都必不可少。

——鲍勃·哈里斯（注册社团管理师）

美国非营利组织中心主席

目 录
CONTENTS

第一章　从成为协会领导者开始

任职最初的 3 个月对于学习协会组织文化和赢得协会保守派支持而言是至关重要的（即了解协会传奇背景故事和获取老领导支持）。也许协会的管理流程和人员配备需要重新完善，但是这一步可以慢慢来。作为一名协会的新任 CEO，你要通过询问、倾听以及累积支持来获取大家对你的信任。

——吉姆艾拉·伦贝格（注册社团管理师），

博士，美国俄亥俄足踝医学协会执行董事

当我在 34 岁成为一家规模不大的州级协会的执行董事时，我自认为我已经清楚了自己该做什么。因为我当时已经具备了一定的管理专业培训背景和实践经验。那时，我已经获得了协会管理者注册社团管理师资质认证，并且已经在拥有 12 名员工的得克萨斯州牙科协会（Texas Dental Association）担任联络官长达 10 年之久。我是有自信做好这份工作的，因为我曾经监理过 7000 人的年会（会议管理）、办过协会月刊（联络沟通）并且管理过将近 8000 人的会员团体（会籍管理）。因此，我认为我非常有实力胜任一个小型协会的执行董事职位。

得克萨斯州害虫防治协会位于得克萨斯州的首府奥斯汀，当我进入该协会执行董事这一角色后很快就发现，作为组织的新领导未来的道路将十分艰难。

这个协会没有员工和办公室。由于先前是由一个协会管理公司运营管理的，因此这个协会确实没有办公场地。所以，在我的正式任期开始之前，我必须要面对的第一项工作任务就是寻找和租用办公场地。即便还没有开始正式领薪酬，我已经开始着手组建办公室了，在接下来的一周里我的工作任务包括采购从订书机、曲别针到书桌、电脑、电话等所有一切建立办公室所需的物品，此外还要招聘一名助理。在我组建办公室那一周去拜会协会董事会主席时，才意识到自己对害虫防治技术人员的情况真的没有太多了解。由于需要掌握第一手信息资料，因此我花了一天的时间与这位董事会主席手下的一名员工待在一起，从他们行业特殊的职责和困难挑战中获取工作灵感。

不知不觉地，组建办公室这项工作任务在5天里已全部完成，并且在我正式投入工作之前的那个周末，我们搬入了新的办公室。但是我根本没有时间休息以及享受我这高效的劳动成果，因为在我与协会主席进行日常谈话的过程中，我得知这个协会有月刊出版工作需要处理，并且还要召开一个时间仅剩2个月、出席人员达400人的大会，而这些项目到现在还都没有开始启动。

于是我马上进入工作状态，着手开展工作。我在这个协会开始正式工作的第一天，就是和董事会志愿主席花费17个小时的路程前往北得克萨斯出差。我们到许多协会会员的办公室拜访了他们，组织召开了一次大会组委会会议，并在开车返回奥斯汀之前出席了协会在达拉斯分部的会议。那天我并没有感到不知所措，只是觉得大量的信息和责任压力向我袭来。实际上，那天所获取的大量资讯对我来说非常有益，并且为我与这位协会董事会主席在其任期内的紧密合作和协会未来十年的成功定下了基调。

老实讲，如果我一开始就知道这份工作有多艰难，一开始就明白我所要面临的任务和挑战是什么的话，我不确定自己是否还会去申请承担这份工作。幸运的是，我还年轻，精力还很充沛，并且怀抱雄心想做出一番事业。我工作上手很快并且无惧困难，但是经历了这些之后，我承认，我对如何运营管理一家协会组织确实了解不够。但是我所接受的注册社团管理师培训和以前在协会任职中的成功运营模式以及新协会中给予我极大支持和有才华的领导者们都成了我的依靠。他们都在我那些任职的"第一年"中给予了极大帮助，因为我逐渐地了解到协会是多么的重要，并且知道了要想领导一家协会有多么的困难。

虽然我认为自己在工作实践中有着良好的学习能力，但是从广义上来讲我对协会管理几乎一无所知。我对如何游说、监管活动、制定预算、做好审计和管理董事会等这些协会的基本职能了解得太少了；对协会在美国的发展历史也了解得不够。而这些内容都是我作为一名协会执行董事应当知道和掌握的。如果能有个老师或相关书籍能教导这些我所不知道的管理知识和经验的话，那么将有助于我节省很多时间并减轻我的挫败感。

我发现，世界上所有的群团当中都存在着大大小小的协会组织。其中，有些协会代表着少数人群，甚至可能仅仅配备一名工作人员，比如摩擦润滑工程师学会（Society of Tribologists and Lubrication Engineers）、犬类行为研究协会（Dog Behavioral Association）以及鲜切花协会（Cut Flower Association）这种面向小范围市场的利基人口型组织；还有一些像美国步枪协会（National Rifle Association）、美国牙科协会（American Dental Association）以及美国退休人员协会（American Association of Retired Persons，AARP）等组织。无论一个协会的规模如何，都具有其特别且必要的功能定位，即倡导和支持会员利益。协会会员在他们与组织互动时获得相互支撑与鼓励，协会为他们提供沟通交流、学习培训和人际网络等资源。协会可以影响相关法律条款的出台以及小企业经营者在当地的工作方式，甚至还可以影响世界性或国家性的政治议题。

在当时我并没有完全理解协会的这些功能，但是我渐渐发现协会功能与其他一些组织或企业公司存在着差别，他们之间的目标和构架截然不同。而作为一名新任CEO，如果不理解这些，那么你会浪费很多时间并且困惑不前。作为一名协会的执行官，你应该了解协会建立的基础、架构、政策以及人员构成等内容。此外，你还需要持续不断地关注那些可能会影响协会会员的事件和问题。

CEO的工作包括：① 与志愿领导建立合作伙伴关系；② 要有预见性地

看待工作；③ 做你应该做的事情。应该记住，像总裁、执行副总裁、CEO和执行董事这些头衔是可以代替互换的。我的第一个头衔是执行董事（executive director），但是在某些协会，尤其是一些大型协会，他们会借鉴企业界的叫法使用 CEO 这一称呼。

时光荏苒，22 年后的我已经成为得克萨斯州社团管理者协会（Texas Society of Association Executives，TSAE）的总裁兼 CEO，并且自己也在为许许多多的协会新任 CEO 提供咨询建议。他们其中的一些人在被协会董事会聘用之前，就已经是其他领域中的佼佼者。虽然这些人在企业界已经拥有了丰富的成功经验，但是在涉及协会管理方面，他们还跟 20 多年前的我一样是个职业菜鸟。他们当中的大多数人以前没有在协会供职的经验，因此他们必须搞明白协会到底是干什么的、协会拥有怎样的组织文化、协会是如何被组织管理运转起来的，而且要特别去了解协会是如何干出一番事业的。

此外，我还为第二类新任 CEO 提供咨询建议，他们是从协会先前的普通员工晋升为 CEO 的，他们这类人想要获取如何实现向高级管理职位转变的建议意见。我所服务咨询的第三类人群是作为业内人员被聘用为协会 CEO 的，比如一名教师被一个教育领域的协会聘用为 CEO。他们也许从事过董事会服务工作，并且肯定了解行业发展情况，但对于如何运作一个协会来说，他们仍旧是新手。以上这三类 CEO 都在寻找着以下这些问题的答案：我该从哪里着手开展工作？什么是我需要了解和知道的？我首先应该做什么？

在帮助他们的过程中，我意识到他们需要一种可以为新任 CEO 就如何运营管理一家协会提供方向性意见的指导。我查找了许多资料，发现虽然有许多关于"协会法律""如何与志愿者共事""协会财务"等方面的专门讲解协会管理的著书，但是却没有一本资料是指导新任 CEO 如何胜任协会管理工作的，比如指导他们作为新任 CEO 应该提出怎样的问题、任职的每一步应当如何前进、应该考虑怎样的工作步骤、应当知道和了解的信息以及向什么样的人请教工作等这些方面内容。新任的协会执行官们强烈希望能有一本指导手册以供他们快速阅读，掌握协会 CEO 工作概况，并且成为他们在今后工作过程中的参考手册。

领导一家协会是一项独一无二的挑战，大多数先前没有 CEO 工作经验的人们不知道自己应该做什么，并且不知道自己应当去哪里寻求帮助和指导。而且，这些人通常也不愿意向自己的协会董事会成员求助，因为他们希望自己在董事会眼中是有资质、有能力胜任这份工作的，因此不想显得自己毫无经验可言。

但是，成为协会 CEO 却有太多的东西需要学习和提升，而本书的目标就是教会你如何掌握这些内容。

第二章　了解协会独特品质

重要的事和紧急的事，哪个在先呢？人们通常会因为后者而忽略了前者。而身为一名具有领导力的 CEO，应该能够区别这两者间的差异。

——盖瑞·拉布兰切（注册社团管理师），美国社团管理者协会资深会员（ASAE Fellow，FASAE），美国企业成长协会总裁兼 CEO

许多人并不知道协会到底是做什么的，这一点让我感到震惊，因为协会就存在于我们周围。每次在我和新朋友聊天的过程中，当谈及我的职业是协会的执行官时，对话就常常陷入尴尬，因为他们并不了解我在说什么。我只能学着通过反问的方式来对自己的职业进行解释，比如，我了解到他们的职业可能是教师、建筑师、花商、水管工或工程师后，我便告诉他们协会其实就是代表他们不同职业领域利益的组织。这样一来，他们便明白我的意思了。

在美国，协会拥有悠久的发展历史。本杰明·富兰克林（Benjamin Franklin，美国政治家、物理学家，美国开国三杰之一）在 1743 年创立了美国历史上第一个已知的学术团体 —— 美国哲学学会（American Philosophical Society），该团体迄今仍在运营。这个团体的早期会员包括：

托马斯·杰斐逊（Thomas Jefferson，美国第三任总统）、乔治·华盛顿（George Washington，美国开国元勋、国父、首任总统）、约翰·亚当斯（John Adams，美国第二任总统）、托马斯·潘恩（Thomas Paine，英裔美国思想家、作家、政治活动家、理论家、革命家）。这个学会吸引了这个国家最睿智的群体，其目标就是探索美国社会进步并影响政策导向，它是一个完全独立于政府和权利体系之外的组织。在经过一段时期之后，查尔斯·罗伯特·达尔文（Charles Robert Darwin，英国生物学家，进化论的奠基人）、路易·巴斯德（Louis Pasteur，法国微生物学家、化学家）、约翰·詹姆斯·奥杜邦（John James Audubon，美国著名画家、博物学家）、托马斯·阿尔瓦·爱迪生（Thomas Alva Edison，美国著名发明家、企业家）以及拉菲特伯爵（LaFayette，法国将领、政治家）也都成了美国哲学学会的会员。

在美国殖民时期以前，欧洲的协会组织早在中世纪时期就已形成，因此人们普遍习惯于通过商业行会等组织来影响政府行为。这种商业行会随着城镇的发展出现于10—11世纪的欧洲。直到现在，商人们还会以游商的形式带着自己所有的贸易业务外出经营，奔波于不同的市场和城镇之间。这些商人在行商时会团结在一起来保护自己免受强盗土匪的危害。逐渐地，当商人们将自己的业务和组织根基建立在某一特定的城市或区域时，他们会以向他人运输货品的方式来扩展自己的商贸活动并委派业务。而这时，商人的行业协会组织很快便发展得更加紧密，并且随之合法化，还得到了当地政府的认可。这些商人协会或行会不论在远距离贸易中，还是在面向当地城镇居民需求的商业活动中，都广泛地参与管理和保护其组织成员的利益。

协会的力量

时至今日，协会继续为其普适性目标而服务，并且仍在持续不断地发展壮大。在 2013 年，美国国税局（Internal Revenue Service，IRS）认证了 66985 个贸易协会和专业协会。

　　每年大约有 1000 家新的 501（c）（6）类型协会成立。例如，美国泡泡足球协会（National Association of Bubble Soccer），这个协会代表着一种于 2015 年出现的全接触型比赛，比赛中队员们需身穿直径为 5 英尺（约 1.52 米）的塑料泡泡球。协会就是在大大小小的群团中拥护和指导其业内人士的组织，它们代表着会员的利益，并且寻求机会以协会会员利益和需求为导向来影响政策。这是协会力量中最基础也是最明确的一项定义。然而实际上，协会则是因其独特的组织架构、管理方式、财务政策以及实现目标而存在的重要实体。此外，我认为在没有很好把握协会作用的情况下，就想去完全了解美国商业情况是不太可能的。

　　非营利组织作为一个整体是仅次于政府（联邦政府、区政府、州政府以及地方政府）的全美第二大雇用体。他们在 2012 年的美国薪酬发放数量中占比为 10.3%［数据来源：2014 年 10 月 21 日《经济日报》美国劳工统计局（Bureau of Labor Statistics）数据发布］。此外，包括像宗教类、社会宣传类、工社类、贸易类以及专业类组织或协会在内的会员制组织，在 2013 年度的雇用人数超过 130 万。

　　更令人惊讶的是，仅仅是教育会议一个项目里，来自参会者的直接收入就多达 2800 亿美元，此外会议产业还附带提供了约 180 万个工作岗位（数据来源：2015 年 1 月，美国社团管理者协会《协会的力量》）。

哪种实体组织才算是协会？

　　协会要具备一定的必要条件才有资格成为法人组织。一个协会必须首先将超过 50% 的精力投入与会员商业利益有关的活动中去，并且必须至少能够代表一类行业。作为一名协会 CEO，最重要的一点就是你要知晓自己到底受雇于哪一种类型的协会组织，并且要清楚地知道税法是如何影响这个协会的运营和管理的。从本质上来讲，协会组织普遍为非营利性，但是它们在美国国税局（IRS）的非营利组织保护条例下被分为享有特别税费待遇的不同种类。人们总以为协会是非营利组织，所以协会并不需要交纳税费。但情况实则不然，协会其实也是需要交纳税费的。实际上，财务和税费是协会的独特组成部分。对于CEO来说，学习有关协会的法律限定条款可谓是一项挑战。你所属的协会需要交付的税费数额取决于它在美国税务法案条例下的所属分类。比如，一个属于501（c）（6）类的协会需要为其进购的所有商品交纳销售税，然而501（c）（3）类协会则不需要。但是这两类协会都需要交纳薪酬税。

你不必为学习复杂的协会税务代码而感到惊讶。目前，美国税务法中至少有15种不同的非营利组织类别，而其中的两种就基本涵盖了美国大部分以非营利方式运营的组织，它们就是501（c）（3）类和501（c）（6）类。为了更加深入地学习了解协会情况，你们有必要学习这些知识来为自己奠定管理基础。

501（c）（6）类组织通常是指那些商业性、贸易性、专业性的组织和商会。501（c）（6）类组织可以免除大部分的联邦所得税。但是，它们还需要缴纳像雇用税、非相关业务所得税（Unrelated Business Income taxes，UBIT）以及购入货物的销售税等种类的联邦税款。

501（c）（6）类协会组织所获得的捐赠并不能像501（c）（3）类所获得的慈善捐赠一样享受税费减免待遇。这是因为501（c）（6）类型的协会组织可能会从事有关指导、预见和提升其所在行业特定利益的政治活动。

专业性协会或学会的服务对象是个人，这些人分享交流他们的专业知识、特定的商业领域经验或是行业实践情况，并且这些成员通常都具备专业性的认证资质。这里举几个简单的例子，比如：明尼苏达注册会计师协会（Minnesota Society of Certified Public Accountants）、加利福尼亚牙医协会（California Dental Association）、美国建筑师协会（American Institute of Architects）。此外，还有一些贸易类的协会，比如：佛罗里达害虫防治协会（Florida Pest Control Association）、密歇根热力管道制冷承包商协会（Michigan Heating, Plumbing, and Cooling Contractors）以及得克萨斯苗圃景观协会（Texas Nursery and Landscape Association）。

501（c）（3）类协会必须是组织从事（占协会业务80%～95%）一项或多项可豁免税费的社会公共事务。这类税费豁免情况主要发生在宗教类、慈善类、科技类、文化类和业余体育类协会组织中。这类协会的资产必须用于慈善和教育目的，并且他们的立法活动必须是非实体化的，他们从捐赠人那里所获得的慈善行为捐款可减免税费。此类协会包括：美国糖尿病协会（American Diabetes Association）、美国癌症学会（American Cancer Society）以及俄克拉荷马家长教师协会（Oklahoma PTA）。501（c）（3）类的协会不需要缴纳销售税，但是必须支付非相关业务所得税。

尽管有些人已经开始接触协会了，但他们仍旧会混淆有关协会的营利概念。而且，这种情况非常普遍，有时就连协会的董事会成员都会对协会财务的性质产生误解。因为他们听到了"非营利"这三个字，便认为协会组织是"没有营利"的，但其实这种想法是错误的。协会应当像商业组织那样运营，而且实际上，如果协会没有营利的话将无法生存下去。然而，之所以非营利组织和企业组织存在着差异，是因为协会组织所获得的净利润要再投入到协会本身的建设或是投入到其他非营利项目当中。这种不以营利为目的的运营方式和那些需要给持股人分红的企业是不同的。

协会的资金从何而来？

协会的收益可以从多种渠道获得。对于某些协会来说，会费是他们的主要收益来源。但是对于大多数协会来说，会员费用以外的收入才是大头。非会费收入来源包括：教育培训活动收入、研讨会收入、贸易展览展示收入、资格认证收入、赞助费、出版及网络宣传收入、捐赠收入以及租赁收入等。

作为一名新任CEO，你首先应该知道的就是协会的钱从何而来，并且了解掌握协会最大的花销用在何处。对于许多协会来说，资金用来进行项目开发，这其中就包括了在教育培训会议项目上的花销。根据美国社团管理者协会在 2012 年发布的《协会事务》（*Association Matter*）统计数据情况来看，贸易类协会平均每年花费将近 120 万美元在教育培训活动上，其中包括出版、会议、研讨以及各种形式的培训活动。而专业性社团每年在教育活动上的平均花销则多达 150 万美元。

一些志愿者组织和慈善团体可能会运营艰难，有些会破产解体、有些需要动用储备金。通常情况下，储备金问题都会被董事会拿来讨论。那么，协会到底应不应该把所获利润拿来用作储备金使用呢？有关这一问题的答案是肯定的。

协会为什么需要储备金呢？首要原因就是防止意外和突发事件发生。试想一下，如果协会的年会、贸易展览等主要收入来源因为经济衰退或自然灾害等原因发生了急剧下滑，你该怎么办？你的会员可能因此无法担负或不愿承担旅行、住宿的花销以及时间成本来参加协会活动，甚至是无法继续缴纳会员费用。当协会处于艰难时期，在会员数量减少，并且协会会籍和活动影响力又有所衰减的情况下，你拿什么来维持协会日常的开支呢？

需要储备金的另一个原因就是作为计划内花销，帮助协会完成营运所需的工作，如特殊会员项目、公关活动、编撰书籍、调研活动或是技术升级等。此外，储备金还可用于大型购买计划，比如办公室搬迁项目或是设立协会总部等事宜。储备金对于协会来说十分重要，要由协会董事会来决定储备金的用途。根据以往经验，协会应当以 6 个月的运营费用作为储备金的数额。相应地，协会的预算越多，储备金数额也应有所增加。

协会为何如此重要？

关于这一问题的答案非常简单，那就是协会丰富了我们的生活。他们为人们提供了志愿服务的机会，并且建立了行业生产的安全和质量标准。协会使我们保有竞争力，为我们提供了终身学习、专业发展、行业指导和调查研究等多种资源。协会对我们的未来发展有着积极的影响，他们所提供的许多专业性知识和预见性建议为任何行业和贸易项目的顺利进行保驾护航。此外，协会还通过产业发展、产品和服务创新以及促进国内外贸易加速了经济的发展。

协会作为一个行业组织，打造了管控和立法环境，并且有助于相关公共政策的制定。尤其是在州和国家层面上，许多协会监管着对行业或产业有利或有弊的立法程序，参与着法案条例的撰写，并且同政府管理机构建立了紧密的工作关系。许多协会会专门雇用立法专家来帮助完成有关立法方面的工作，但在某些情况下，一些规模较小的协会则是由 CEO 兼职来做相关法务工作。事实上，有许多协会的 CEO 在一开始都是做立法工作的，或是以专家的身份为协会提供立法服务工作，在这之后才转变成 CEO。

大多数协会都有一套职业道德规范，协会工作人员的行为必须满足组织要求、迎合组织会员的最大利益并且要全权为他们负责。这些人员必须具备专业化、合法化的个人素质，并且要诚实、公正、公平地开展工作。

一些协会通过媒体宣传来提升人们对疾病（如癌症、糖尿病）、环境（如循环利用）或是对优秀商业案例（如警示大家有些房顶修复工人只有在冰雹过后才知道他们是骗子）的关注度。美国社团管理者协会 2015 年发布的《协会的力量》（*The Power of Association*）中称，有占比 71% 的协会组织在做行业调查和行业发展数据统计分析工作。例如，地产经纪人和住宅建筑商协会会定期发布上一月度或上一年度的房屋售卖情况。美国牙科协会会公布有关口腔健康或是牙科设备创新方面的研究进展。

这里还有个惊人的统计数据，那就是协会是全美最大的继续教育提供方。2012 年，由美国国家教育统计中心（National Center for Educational Statistics）所做的"成人教育调查"显示，在美国，每年有 5700 万成年人选择参加正规的职业教育或培训课程，并且其中有超过 69% 的人所接受的培训来自私营培训教育机构或专业协会。

协会通过持续的教育活动、证书课程、资质认证以及行业许可等业务，不断地保持着会员的竞争力、保护公众利益，并且将协会会员与同行业中没有得益于培训机会的其他人员区分开来。这里，我们能想到的那些耳熟能详的特定行业认证名称包括：注册会计师（Certified Public Accountant，CPA）、注册筹募经理人（Certified Fund Raising Executive，CFRE）等。这类行业证书需要参评人员达到一定要求之后，才能获得并保有相应的资格称谓。根据美国社团管理者协会发布的《协会事务》中的数据来看，有36%的协会提供这种证书培训课程来加强从业人员的职业技能、拓宽职业生涯、提升个人威望，并且这些协会通过确保从业人员达到一定的执业能力标准来保护公众利益。

大多数像医生、律师、管道工、美容师这样持有从业资格执照的专业人员，需要每年连续进修来更新维护他们的从业资格，而像这类的进修课程也由协会来提供。

协会依赖于志愿者帮助他们打造未来。那么你属于哪类协会呢？是家长教师协会、业主委员会、体育社团、互助会、妇女联合会、校友会还是门萨俱乐部 ①（MENSA）呢？有数据显示，90%的美国人加入了协会，并且每4个人中就有1人加入4个或以上的协会（数据来源：盖拉特撰写的《会员制协会》，来自2011年出版的由K. 阿加德主编的《非营利组织领导力参考手册》）。协会组织对于国家来说也是至关重要的，国家每年会将数十亿小时的时间贡献给协会事业。每一年，会有将近6300万的美国人通过会员制组织投入近77亿个小时的时间在志愿活动上，而这些志愿活动的估值将近1730亿美元（数据来源：美国社团管理者协会2015年发布的《协会的力量》）。

有些协会规模不大，并且全部由志愿者团队来运营。而另一些协会，在一开始会选择雇用兼职员工，但随着组织的不断发展，便开始慢慢增添员工数量。全美最大的国家级协会组织——美国汽车协会（American Automobile Association，AAA）就坐拥5400万会员和4万名全职员工。

---

① 门萨俱乐部是世界顶级智商俱乐部，1946年成立于牛津，创始人是律师罗兰德·贝里尔和科学家兼律师兰斯·韦林。——译者注

（数据来源：美国汽车协会 2014 年情况介绍）。另外，还有一些协会由协会管理公司（Association Management Company，AMC）专门负责运作打理。这种协会管理公司是从事营利性业务的商业组织，他们的人员负责操控、处理协会中的诸如会议计划、财务计划、交流项目、董事会会议等业务需求。协会管理公司一般可以为协会提供"清单式"的业务服务项目，而这种管理公司也是那些不需要雇用全职员工协会组织的理想选择。

CEO 须知概览

作为提示信息，本章将为你提供一个有关协会领导力的简要概述，内容可能是关于一些协会组织执行官的情况回顾。你要知道除了新任 CEO 之外，即便是经验丰富的管理专业人员，也会时不时地感到自己陷入管理协会的琐碎事务中，而重温和回顾可以帮助他们解决这些问题。

你不是一个人在战斗——请建立联系网

在这里，我们先假设你是一名协会执行管理岗位上的新手，而大多数刚刚开始接触协会工作的人并没有意识到自己已经成为某一大型行业领域中的一员。但实际上，会员制组织在美国的雇用人数已经超过了 130 万（数据来源：2013 年美国劳工统计局关于就业与薪酬的季度统计数据）。

不要忽视对资源的开发利用，这能够帮助你更有效地开展工作、避免出现协会同行已经遇到的问题，并且使你能够获取时效信息和精神支持。要知道，其他协会组织的 CEO 们也在努力地完成你正在做的事情。他们当中有些人甚至就在你隔壁的组织任职，触手可及，或者是在跨越了地域的其他协会组织任职。尽管当你初任协会新职位时会很忙碌，但是要记住一点：你不必自己单打独斗。你会发现，其实绝大多数的协会管理者都很渴望自己能够为新任 CEO 提供援助，毕竟他们和你的立场一致。作为协会的 CEO，就任一个新的岗位多多少少会令人感到手足无措，因此你要让自己与外界保持联系，让自己成为美国协会组织这个巨大交流网络中的一员。这些资源将来都会成为你的宝贵财富。

在你接触 CEO 工作的第一个月里，你可以和任职于其他城市或地区的同行业协会的执行董事保持交流沟通。例如，虽然你任职于明尼苏达药学协会（Minnesota Pharmacy Association），但你的同行其实遍布美国的其他州市。通常情况下，协会组织每年会有一到两次的正式或非正式会议，美国所有的州级或区域协会的执行董事会在这样的会议上碰面，届时他们会在一起共享资讯、学习和探讨影响行业发展的全国性问题。这些来自同行业者的工作经验对于你来说十分有益，因为他们服务的对象和你要面临的会员都同样处于相同行业或同一贸易领域中，只不过地域不同而已。

此外，如果你供职于地方协会或州级协会，那么一定要与代表你协会行业利益的州级或国家级协会保持联系。这些人际资源越早建立接触越好，你会在行业会议上、立法调研中看到他们的身影，你可能一整年都会跟他们有所交流和接触。这些人际资源就是你的生命线，因为这些组织是你所代表的行业的保护伞。

我还想给你的另一个建议就是加入你们当地州级或国家级的专业社团管理者协会。这类协会与你所代表的专门行业领域的协会有所区别，他们是由不同行业专业领域协会的领导者、管理者所组成的（即，协会的协会）。虽然，不同的协会组织有着不同的服务目标，但是他们仍然有许多相同或相似之处。协会管理者组织能够为你提供工作所需的专业知识，并且能够帮助你与相近地区有经验的协会 CEO 保持联系。你需要一个在你遇到问题、需要寻找案例或资源时能够随时联络到的核心同事群。在你任职的地区，像这种协会管理者组织群体可能被命名为"××州社团管理者协会"。像美国社团管理者协会这种国家级协会还会提供教育培训和其他一些辅助资源，比如：提供年会、研讨会、在线培训和线上资源，为你和协会员工提供专业性的指导帮助，并且还能帮助推荐供应商、律师和财务顾问等人际资源。此外，他们还能提供许多与协会需求相关的模板或文本范例，比如：会议或审计方面的需求建议书／招标书（Request for Proposal，RFP）、CEO 聘用合同、员工手册、保留记录政策、利益冲突政策、反垄断政策等。

许多协会的管理者直至工作多年之后，才意识到这些宝贵资源的重要性，他们后悔当初没能认识到并利用好这些学习资源。而这些资源不仅能够帮助他们避免许多不必要的麻烦，还能为协会提供急需的帮助并且缩短管理者的任职学习时间。

领导者应当了解的协会文件

从广义上来讲，管理是指通过实施计划、组织、领导、协调、控制等职能调动他人，实现既定目标的活动过程。管理涵盖了一个组织的决策部门以及其所代表的权力、权威和责任。管理其实就是对事务进行监管、对流程进行调配并对结果进行负责。从通常意义上来讲，协会在规章制度中都会对组织的治理结构、组织与分支机构、附属机构的关系以及权力如何在组织内部分配等方面进行描述。

如果你之前从未在协会工作过，那么你一定要注意关注协会中的关键指导性文件。首先，你要清楚每一个协会组织都有其任务使命，然后去尝试理解协会特定的任务目标，并且确保关乎任务目标的组织文件是陈述清晰的并且是与时俱进的。因为这个文件将作为蓝图来引导协会的决策制定、战略措施和治理方式。

协会所开展的一切事务都应该与其任务说明相关，这也是协会奋斗的目标。有关协会的任务说明应当简单明了、切中要害，并且要描述出通过协会的努力将要打造出怎样与众不同的未来。

如果协会能够将任务目标明确定义并坚持下去，便能够避免组织的发展精力被分散至别处；否则，即便是拥有多么雄心勃勃的任务目标也会导致协会偏离其既定发展轨道。协会所做的每一个项目和业务都应当与其任务说明相契合。当然，有时会因为一些重要原因或新想法的出现，导致了忽视协会既定任务情况的发生。出现这种情况主要是因为协会是以服务为导向的，当协会会员需要帮助，尤其是在危机事件发生时，协会就要根据会员的需求适度做出改变。例如，在"9·11事件"后，许多协会调配了志愿者参与善后工作，当然在那种情况下协调志愿者参与活动通常也是协会的任务目标之一，比如：得克萨斯咨询协会（Texas Counseling Association）就派出了咨询师帮助那些受害者家庭；美国注册会计师协会（National Association of CPAs）通过提供免费咨询和服务来帮助"9·11事件"遇难幸存者。美国学校心理学家协会（National Association of School Psychologists，NASP）开发了有关悲痛、创伤以及其他关于危机重建恢复方面的材料，这些材料还被翻译成6种不同的文字。如此一来，人们与咨询教育类协会的合作伙伴关系就在这样的事件中建立起来了，美国学校心理学家协会之后则继续向会员提供对SARS、海啸和飓风等灾难性事件的人文关怀。

但在有些时候，由会员需求导向建立的活动则偏离了协会组织既定的任务目标。这样的会员倡议会使协会消耗掉人力、物力，使协会的工作失去重心。而协会的任务说明作为一个纲领性文件，会在管理者突然改变发展路线时，或在会员突然萌生与组织任务目标不一致的想法时，帮助引导协会矫正工作方向。

有一个会计协会，该协会的一位会员向组织提出建议去帮助一个遭受地震破坏的国家。他建议协会去购买、运送回收电脑，然后分发到这个国家，并为这个国家提供公共服务。不得不说这的确是个很棒且颇有价值的想法，但是这个建议所需要付出的人力、物力却与协会的任务目标相悖，要知道这个协会的主要任务目标是帮助和支持会计从业人员。因此，在关于帮扶灾后重建这一问题上，有其他会员提出了备选建议：以捐款来代替那种需要投入管理和持续支撑的完整重建项目计划。这才是最佳的解决方案，这样一来，会员在提供帮扶的过程中也能获得满足感。

除协会任务说明之外，你还需要了解的框架性文件就是每个组织的法律规定性文件。其中一个就是组织的设立章程，它是一种在协会和国家政府之间的协议性文件，其中规定了组织的立法目的和免税身份。这类文件为协会的存在奠定了法律基础，你必须以此文件为依据来为协会申请获取非营利组织减免税费的身份待遇。

另外一个框架性文件就是组织内部管理的规章制度。规章制度是存在于协会组织和其成员之间的协议性文件，其中规定了谁能来为组织工作以及他们的工作方式。规章制度中的一些重要条款包括：① 补偿条款（对于董事会成员所承担个人责任的限定说明）；② 会员的选举资格与权利；③ 董事会及成员的任职标准（包括岗位名称和职责、董事会成员数量的最低限额和最高限额、法律规定需要达到的人数要求、董事会任期时间、董事会成员换届流程、每年召开的董事会会议数量以及电子投票方式等）；④ 提名任命程序；⑤ 常务委员会事项等。

当涉及协会决策事项时，一般都要遵从内部规章管理制度。如果是遇到规章制度没有涉及的情况时，你可以参考协会所在地区的非营利组织法或是咨询律师。规章制度在本质上是非常宽泛概括的，比如在规章制度中并不需要阐明会费的具体数额，也没有必要体现协会年会和董事会会议的具体召开日期。因为调整制度通常来讲并不容易，并且常常需要成员投票通过才行（这里需要注意的是，有关制度的修订流程也要在规章制度中体现出来）。因此，一定要在经过深思熟虑之后才能修订制度，而且一旦制度被修改，那么新版规章制度一定要在协会的管理文件中建档保存，你还要向每一位董事会成员进行传达，并将其公布在网站上，做好宣传工作。规章制度其实就是为协会治理而发展建立的一套规则，定期对其进行检查修订也要作为完善协会治理机制这项常态化工作中的一部分。

最后，协会政策和工作操作流程丰富了组织文件的内涵。一是政策为协会的活动开展和决策制定明确了具体任务。协会董事会的政策手册很重要，它包含了所有经董事会批准的政策以及协会的治理政策。因此，出于历史和法律方面的考虑，董事会会议纪要应该选择一个安全位置进行保存。二是那些体现协会如何一步步完成任务目标的操作细节程序也是协会的重要文件之一。

了解协会财务状况

掌握复杂的协会财务实操情况是你领导一个组织发展的重要能力，尤其是在董事会理事换来换去的情况下。之后，你会发现自己才是那个掌握协会财务知识的负责人。财务职责是不能够忽视或委派的，作为协会管理者你必须对组织的财务预算和财务状况了然于胸。

如果你以前曾经在营利性机构中工作过，那么你会发现协会组织的财务与营利机构很不相同。协会组织不必每个季度都要有进项，也不必尝试击败其他竞争组织，所获得的利润也不需要分给持股人而是投入协会认为合适的未来发展项目中。此外，与商业企业不同的是，协会董事会成员的工作通常是没有报酬而是志愿性质的，但是协会会在他们的差旅费以及经过组织批准的现金花销方面给予一定补助。与此同时，协会也要在政策规定上阐明被补助的对象和原因。我最近听说了一件事情，有位协会的会员自己其实并不是委员会成员，却要求出席和旁听协会委员会会议。组织这次会议的员工在一开始并没有考虑到这种情况可能会导致的后果，直到他们收到了来自这位会员关于要求协会补偿自己出席此次会议所需各项差旅费的报告。庆幸的是，在协会政策中已经明确规定了费用补助对象仅限于委员会成员。而正是利用这一条款，协会向这位会员解释了他的申请补助报告没有被受理的原因。在这一事件中，花销费用的多少并不是问题所在，关键在于如果协会没有相应政策支持的话，你就没有正当理由与会员就这一问题进行交涉。

作为一名CEO，你需要理解掌握有关财务的专业术语并且知道如何看懂财政报告。比如，你知道协会是以哪种方式来营运管理的吗，是权责发生制 ①

---

① 权责发生制（accrual basis）是按照收益、费用是否归属本期为标准来确定本期收益、费用的一种方法。——译者注

还是收付实现制^①？如果你不知道答案，协会又没有配备记账人员或会计的话，那么你可以向协会审计员或是合同会计师请教。你需要掌握协会财务方面的内容，并在没有实现预算收入或在花销超出预算时提高警惕。要知道，董事会可以原谅任何错误，但唯独不会饶恕持续性的不良财政表现。所以，你要清楚地掌握协会的预算和数字统计情况，而且组织中任何未经预算批准的支出决定，都要向董事会申请批准后方能执行。如果协会的某个项目或服务工作在财务上无法得以解决，那么你应该先确定问题所在，然后尽快同董事会进行沟通。记住，向董事会解释情况时思路要清晰，并且要知道应当采取何种措施来解决问题。失败只是承担风险的后果而已，每个组织都有可能出现问题，但不要因此就试图掩盖和隐藏这些问题。掩盖财务问题需要拿出来进行单独讨论，但是这种情况在协会管理中是无法被接受的。

向协会董事会定期进行财务报告，并且在每次董事会会议上审阅协会财务状况是十分重要的。大多数协会都会配备一名执行委员会成员来担任董事会财务官或扮演财务委员会主席的角色，并且财务委员会会定期对协会财务情况进行审查。作为协会的领导者，你应该确保协会运营的所有事项在财务和程序上都达到公开透明的程度，从而便于你掌控协会的财务管理状况。在非营利组织管理中，常常会充斥着潜在的欺诈行为和资金滥用情况，因此眼下对你来说最重要的就是把财务监控和财务报告制度放在首位。

组建财务委员会并非意味着要削减董事会对组织财政健康状况的监督职责。对于董事会成员来说，能够看懂财务报告和理解财务事项同样很重要。有时，即便是那些对财务工作十分精通的董事会成员，也有可能对非营利组织的会计工作和财务报告一窍不通。因此，同所有新任董事会成员一道认真解析协会的财务报告是非常重要的。在解析报告时，除了要确保对协会大块收益部分进行说明外，还要对预算和实际支出间的变化进行解释。你会发现在董事会任职培训期间进行财务培训是最好的选择。有些协会会专门把他们

---

① 收付实现制（cash basis/accounting on the cash basis/cash basis of accounting）又称现金制或实收实付制，是按照收益、费用是否在本期实际收到或付出为标准确定本期收益、费用的一种方法。——译者注

的财务人员或注册会计师从事务所邀请来解读协会的预算和财务方面问题，并且指导帮助董事会成员理解有关预算、实际支出、资产负债及其他与财务相关的专业术语。

作为一名新任CEO，不要向董事会隐瞒任何有关财务方面的负面消息。有时，一些新任CEO在上任后就发现组织的财政状况太过糟糕，出现了财务作假或是储备金支出等情况，而董事会却对情况一无所知，他们被误导甚至被蒙在鼓里。据我了解，有些新任CEO直到最后一刻才向董事会报告协会账务资金紧缺这一负面消息，而到那时情况已经难以挽回，协会的项目花销也因此不得不大幅度削减，工作人员也只能被遣散。作为CEO，一旦你发现协会目前存在问题和虚假信息，千万不要碍于面子而不向董事会进行汇报。董事会必须及时知晓协会状况并同CEO一道努力解决问题。

每个协会都应该做好年度预算。作为新任CEO，你应该尽快审查协会的年度预算，这会让你对协会的主要收益和支出项目以及它们同往年的情况变化有个直观感受。你能从年度预算中得知协会的收入来源情况，了解到它们的构成是分散的还是集中在一两个项目上，或是以会费收入为主。如果协会的大部分收入来自一到两个项目主体的话，那么这可能就是协会需要关注的方向。如果协会的收入来源出现问题的话，那么协会的未来发展可能会遭受艰难险阻，因此一旦协会年度的实际财务情况与预算有很大出入的话，你一定要及时将这些情况通报给董事会。

需要注意的是，协会如果还有像基金会或是政治行动委员会这类的附属机构的话，那么他们也需要做单独的财务预算。

许多协会都会通过会计师事务所进行年度审计。虽然法律上并没有规定必须通过审计来维持组织的非营利身份，但进行财务年度审计也是非常好的一项管理实践。有许多事务所是专门从事非营利组织审计工作的。一份年度财务审计报告能让你对协会有更多的了解。如果协会没有开展审计工作，那么你要搞清楚其中的原因；如果协会已经开展了审计工作，那么你要去阅读审计员关于协会管理方面的建议信，关注审计人员所担忧的方方面面，比如协会存在的财务虚假行为和职责划分不清等问题；如果在审计中确实发现存在问题，则需要了解清楚目前已经采取的补救措施。协会的审计报告需要经过董事会的审定和批准，并且要纳入董事会的会议纪要中。

在财务管理中有一个需要你了解的重要文件叫作美国国税局 990 表[①]。990 表属于一种备案材料，是已获准登记的美国联邦政府免税组织必须向美国国税局提交的年度报告。如果你还不知道 990 表是什么，那么可以向注册会计师请教，让他来帮助你理解这个文件的重要性。协会董事会应当对 990 表进行审核和批准，从而对以往的情况记录进行审查，并确保表中所提及的事项已经得以实现。990 表需要填写的内容涉及协会组织任务、项目和政策等，并且还包括员工补助等方面的财务信息。因此当你学习如何填写 990 表时，可以着重关注协会是如何回答这些政策性问题的。如果协会对于表格中某些问题的回答是否定的，那么你需要确保相应的政策在今后能够得以补充发展。

每一位新任 CEO 都应该尽快和协会会计、审计员以及退休顾问取得并保持联系。如果协会存在动用储备金进行投资的情况，那么 CEO 还要和投资顾问进行沟通。这些专业人士都将成为你了解协会财务状况的最佳资源。

与董事会共事

领导协会的董事会是志愿性质的，他们是协会管理和决策制定的主体（尽管有些协会也有自己的代表大会）。CEO 充当的是协会顾问的角色，而并非最后的决定者或掌控者。CEO 是董事会领导者的合作伙伴，并且有责任确保董事会成员能够获取所有必要信息，使他们能够做出合理决策。董事会的职能分三个层面：制定方针、制定政策以及评估问责。方针制定包括对协会进行战略规划和愿景打造；政策制定包括评估和批准有关管理、立法、

---

① 该表是已获准登记的免税非营利组织每年必须向美国国税局呈交的关于其财务和活动状况的申报表。

会员制度以及执行标准在内的政策；评估问责是指对协会提供的项目或服务质量开展评价，并且对董事会和 CEO 的任职情况进行绩效考核。

战略规划制定

制定战略计划是协会董事会又一项重要职责。大部分协会每年或每隔一年会对战略规划流程进行检查，通常情况下会邀请整个董事会班子成员参与这项工作，有时也会把范围扩大至委员会主席或是某些关键会员。协会可以根据自身需求，寻找一处隐蔽安静的地点，利用 1 或 2 天的时间来制定能够推动协会向前发展的一些重大创新计划。当然，制定战略规划这项工作也可以在一天甚至几小时内完成，而时间和地点等客观条件可依当时情况而定。

对于协会和其员工来说，战略计划作为一种蓝图是用来指导协会发展的。你可以把它想象成是针对协会任务目标说明的一种行动指南。如果这个战略计划含糊不清或是没有重点，那么你所做的努力注定是无效的。一个失败的战略计划会导致协会发展受阻，而一个可靠的计划则会推动协会工作不断向前发展，并且能够使协会聚焦其共同发展目标。对于协会来说，能够拥有一个作为长远指导文件的战略计划，就等于获得了整个董事会的支持并且确保了他们对计划中所列优先发展事项的认可。战略计划会告知协会员工应该做什么。在以前，协会通常都会做出 10 年组织发展的战略规划，但在现如今，时代发展和技术进步都太过迅猛，因此目前协会的战略计划一般都不会超过 3 年。

如果你才刚刚在协会开始任职，那么你应该锁定协会最近几年的战略计划。如果一个协会的战略计划缺少商定过程，则会增加资源被随意滥用的可能性。因此，只有在既定原则基础上规划形成的战略才能保证协会发展的车轮滚滚向前。我注意到，如果以松懈的态度对待战略规划，就会无意间导致协会主席以个人喜好为依据推动设定协会项目，而他则不太会关心这个项目是否会对协会长远发展产生有益的影响。因此太过尊重主席意愿也不行，因为他们会每年改变协会的发展定位，而这对于协会来说后患无穷。要知道协会主席这一岗位每年都会换届改选，难道你愿意每年都更改一次协会的发展定位吗？所以，协会的首要任务不能由那些选举出来的志愿管理者来决定。战略规划对于指导董事会开展工作来说是十分重要的，董事会成员要一起展开讨论、对协会重要事项达成一致，然后指导协会员工执行计划。战略计划是全体董事会所做出的共同决定，因此相关的计划也应该在基于客观事实所召开的战略计划会议上进行讨论。

与会员和志愿者共事

协会是会员制组织，作为协会领导者，会员的需求将成为你最重要的关注点。志愿者是协会另外一个重要的组成部分，他们使协会组织与企业之间有着很大的不同，因此我们要学习一下如何将志愿者的聪明才智最大限度地投入到协会的工作当中。

会员通过缴纳会费来获取协会服务和会员福利。协会会员福利的内涵是多样化的，但是一般都包含：继续教育费用的减免（这里包括会议、贸易展览、研讨会以及在线培训）、获得立法权和监管代表权、获取行业信息、增加职业发展机会、参与行业调研、参与慈善活动、与专业同行进行交流以及获得其他资源等。

在所有激发会员加入协会组织的影响因素中，打造关系网（占36.6%）、获取技术信息（占46.2%）以及获得专业发展机会（占46.2%）是影响会员决定加入组织过程中三个最重要的职能因素（信息来源：美国社团管理者协会于2007年出版，由道尔顿、狄南所撰写的《加入的决定》）。

在约翰·威利出版公司（John Wiley & Sons）于2015年3月实施的一项有关"会员事务"的研究中，学术专家报告称社团组织会员身份中最吸引人的因素就是：获取在同行评议期刊上的发表机会（占27%）、获得继续教育和培训机会（占26%）、获得有关行业发展趋势和技术等方面的会刊资讯（占9%）。许多被调查人指出，他们会因学术研究内容的质量、组织的威望以及获取同行交流机会等因素而加入某一学术团体。会员称，协会最常用的方式就是通过给予人们阅读协会出版物、参加协会年会和出席行业领域活动的机会来吸引会员加入。

大多数协会都拥有行业性会员、供应商会员以及像学生会员和荣誉会员这样的其他会员种类，而所有有关会员分类的情况都应当在协会章程中得以体现。虽然不同种类的会员加入协会的原因各不相同，但是了解协会组织与会员之间是如何实现互助互益的对你来说非常关键。供货商通过加入协会来获取接近协会会员的机会，并且许多供货商都想通过提高知名度来推广他们的产品和服务。他们通过成为协会的赞助商、在贸易展会上进行展览展示以及就最新产品和服务进行培训等方式来支持协会组织。

依照你所供职的协会情况，你可能需要在工作中经常与会员见面。在协会召开年度会议期间或是在你去拜访会员时，你需要与他们进行会面并建立联系。走出办公室与会员进行交流，了解掌握他们的担忧、考察他们的工作情况并与他们真正建立深入的伙伴关系对你来说非常重要。不要把自己当成是一个被选举出来的官员，而是要代表你的会员群体为他们发声，成为他们的倡议者和拥护者。如果你不去与他们见面和交谈，不去了解他们，你将无从得知他们真正的所需所想。

与志愿者共事是协会领导工作的一个重要组成部分。有相当一部分的协会项目和利益是由志愿者构成的委员会进行商议和策划的。有许多小型协会会十分依赖会员来完成协会大部分的具体工作。他们由于人手太少，无法仅仅依靠协会员工本身来完成所有工作，因此对于这类协会来说，志愿者的帮助是至关重要的。这里以策划会议活动为例，许多协会都会委派会员来完成诸如发言人遴选、现场注册、晚宴活动筹备以及其他具体工作等内容。为了帮助这些志愿者，协会也做了大量的培训工作，并且制作出细化大纲以便志愿者在开展工作时有所参照。要想组织一场活动并希望现场工作顺利开展，可能要耗费掉协会数个月的时间来进行筹划。在你进行准备工作时，尤其在有支出和财务监管的情况下，别忘记制定职责划分。

在我以前工作的害虫防治协会中，每年都会举办一场大型拍卖会来为协会的政治行动委员会（Political Action Committee，PAC）进行筹款。志愿者们就专门负责所有有关拍卖会的事宜，包括雇用拍卖师、制定活动议程、组织具体活动。而协会员工在现场负责收集拍卖款项，并确保款项如数打入协会账户。这些会员志愿者们努力工作好几个月，并确保了这场无与伦比的拍卖会的成功举行。通过拍卖会，这些会员志愿者们的人际关系网和商业伙伴数量得到不断扩大和激增，并且他们参与工作时还展现出了前所未有的热情，情况超出了协会员工们的想象。最终，协会每年都会举办一场非常成功的拍卖活动，并且为政治行动委员会筹集了大量资金。

协会在利用志愿者力量方面并没有一定之规，每一个协会都拥有通过长期发展而来的组织文化，有些文化是组织发展的必然现象，有些则是在不断的尝试和失败中得来的，而有的则是源于某些政治因素。了解和掌握什么工作需要由志愿者来完成、哪些工作最好由专业的工作人员来完成是协会组织文化的一部分，也是你对自身角色评估的一部分。

适应协会组织文化

一个协会的组织文化就像指纹一样独一无二。一个协会执行管理者的失败通常与他无法理解和培养组织文化有关。那么，到底什么才是协会组织文化呢？关于组织文化，其实是一个很难量化的概念，因为它包含了太多看不见摸不着的东西。例如，协会会员如何看待他们自己；会员如何相互对待；协会事务如何运营；协会员工如何团结协作；协会所代表的行业或领域在新会员中的受欢迎程度；协会举办会议的方式等。这些都属于文化范畴。谈到协会的办公室文化，它同企业和其他机构的文化又有所不同。比如说，一个大型生产制造商的雇员可能根本不关心他们的产品质量和服务情况，因为对于他们来说这仅仅是一份工作而已。但是以我的经验看来，这种漠不关心的态度在协会组织中却很少出现，这真的很了不起。如果你选择供职于一家高中足球教练协会，或是人权代理机构，或是涉及艺术、科学、医药等领域的专业组织，那么你肯定要关注这些领域所发生的事情。你的工作会呈现出强烈的使命感，并且有近乎狂热的氛围围绕在其左右。一般来说，被协会所吸引的群体对组织代表的事业目标十分关注，哪怕这一目标仅仅是提升他们出色完成工作能力的愿望。这类群体忠诚于协会，在加入组织后一待就是几年甚至几十年，这种组织忠诚度的表现与现如今的美国企业组织很不相同，但是也带来了属于协会组织自己的挑战。

在你应聘 CEO 这一职位时，你就应该对这个协会及其董事会的组织文化有所感知（或是在面试时他们已经向你介绍过组织文化）。例如，协会会员是成功的个体企业家吗（有家庭成员在组织中任职）？协会会员之间是否存在着激烈的竞争，从而可能导致他们的装腔作势或相互不信任？组织文化氛围是轻松愉快的吗？协会董事会是否因为搞层级制而限制了董事会成员与普通会员之间的互动沟通？会员是否享受与他人之间的社交往来，并且建立了长期稳定的人际关系？董事会成员是否有过志愿者经历？他们是否信任和支持协会员工和 CEO？他们的工作热情和政治观点是否展现出来？协会是否具有创新力，还是说协会非常保守，对保持事物的一成不变有着强烈的愿望？协会董事会是否完善战略举措以推动更年轻的会员来胜任领导角色？

董事会成员如何评估专业员工的价值，是通过他们所拥有的继续教育经历、承担风险的意愿还是通过他们所支持的政治方向来进行评估？董事会与会员之间进行开诚布公的沟通吗？关于协会战略规划的内容是否在董事会上进行讨论，还是说以微观管理取而代之？董事会的组织文化应当作为协会战略的一部分，要注重财务管理、资源分配及信息透明度。

协会的领导者是正直诚实的吗？他们是否带领自己的协会与国家级协会建立联盟——如果建立了伙伴关系，那么这些国家级协会的组织文化又是什么呢？

快速掌握协会组织文化、在工作方式中适应它并在组织中建立信任关系是通向你成功之路的关键因素。你不可能逆流而行，要知道许多执行管理者之所以在短暂任期后便离开协会就是因为他们无法适应不同的组织文化。

培育服务型领导

服务型领导是一个概念，是一种以人为本的哲学原则，是指协会工作人员对待协会会员的方式。工作人员存在的意义就在于要推进协会任务目标的实现、帮助会员解决问题，并且认可会员作为志愿者为协会所付出的努力。工作人员通过为协会工作获取报酬，而协会会员无私地奉献着他们的时间、专业知识和金钱来支持协会。协会是属于会员的，没有会员就不可能建立起协会，协会工作人员也就不会得到这份工作。下面这句话应当作为所有协会执行管理者工作的信条，即"会员是第一位的，协会是属于会员的而不是我们的"。以我的经验来看，大多数成功的协会领导者都不是过于自负的人，他们会更加关注会员的需求而非他们自己。对于协会管理者来说，拥有领导和执行能力，并且在工作中充分信任志愿者领导和员工是非常重要的。

有一位新任 CEO 曾跟我说，他为协会年会做出了很多努力，并且会议举办得也非常顺利，但是他却感到沮丧，因为协会的志愿者领导在全体大会上褒奖和感谢了所有为会议的成功举办做出贡献的人们，但却只在公共场合感谢过他一次。这位 CEO 感到很气愤，因为协会的领导层并没有更多地认可和信任他为会议成功举办所做出的努力。打造一个志愿工作者能够获得认可和鼓励的氛围是建立成功协会的要素之一，当然除了志愿者之外我们人人都希望获得褒奖，但如果你自尊心很强并渴望获得持续的表扬和安抚，那么可以说协会首席执行管理者的工作并不适合你。

说到领导层，你与协会主要志愿领导之间的关系是极其重要的。你们相互间的矛盾、对信息的隐瞒与保留、行为上的装腔作势和对权力的博弈操控等，这些问题都会在所有董事会（志愿领导）和协会工作人员之间产生。你要做的就是与志愿领导之间建立一个开放、合作的伙伴关系，并成为其他协会组织的标杆与榜样。

明确职责范围

讲到最后，作为一名新任CEO，你应当知道自己的职责所在并且知道如何去承担责任；作为一名协会领导者，你应该努力获取大家的信任与忠诚。虽然董事会才是协会的管理主体，但是作为CEO，你必须要协助董事会实施有效管理，在某些方面着重掌控和把握会员与员工的所思所想。这包括协会的运营效率（财务方面、员工方面）、协会发展方向的制定（任务目标、治理手段、战略计划）以及对协会的监督检查。CEO就是要年复一年地发挥执行管理能力，并确保协会集中力量向董事会所确定的发展目标前进。虽然选举出来的主要志愿领导每一至两年就会更换一届，但是从另外一个角度来说，以CEO为领导的协会员工则能确保协会发展方向和工作执行的稳定性和一致性。作为协会CEO，你必须保证协会财务信息的准确无误，并且要让会员和捐赠者能够获取这些信息，甚至在某些必要的时候要向公众公开这些信息。此外，CEO还要保证监督管理和按期归档协会的项目活动、财务事宜以及总结报告，并且要确保将协会工作体系和流程中的虚假操作减少到最低。协会的工作人员必须通过定期的绩效评估来确保他们对工作认真负责。作为协会董事会的工作伙伴，CEO的工作就是执行由董事会所确立的战略规划。

当然，协会的管理涉及方方面面，并且每个协会都各有其特点，因此每位协会领导者所面临的挑战也大不相同。在后续的章节中，我们将为你深入挖掘作为一名新任CEO所要面临的问题与挑战。

第三章　引导董事会进入工作角色

　　你要先确定下来协会董事会的当务之急，然后确保这些重要事项能够得以优先实施。这句话听起来很理所当然，但事实上却往往未能实现。你要确保协会在董事会运行方面有着良好的政策和适当的流程，并且保证你和董事会的意见从工作之初就开始保持一致。

　　　　　　　　　——汤姆·查普曼（注册社团管理师），美国正畸学会执行董事

　　美国西奥多·罗斯福（Theodore Roosevelt）总统带领这个国家走过动荡年代。在20世纪初，美国正在成为全球工业强国，并且在发展过程中面临着诸多烦恼。罗斯福的口号"说话温和而手持大棒"可能是他最著名的引用语了，但实际上罗斯福可是一名和平时期的总统，是诺贝尔和平奖的获得者，并且还是一名致力于提升所有公民生活水平的强大社群的创建者。1908年，罗斯福曾说过："每个人都应当将自己的一部分时间贡献出来，投入到他所从事的行业领域中。对于那些力求改善自身行业领域工作条件的组织，每个人都应当给予支持。"

　　来自罗斯福总统的这句话是我非常喜欢的引用语之一，它概括了协会的精髓所在。罗斯福懂得蕴藏在协会内部的力量，并鼓励每个人都参与其中。他和其他曾作为地方协会组织会员的开国元勋留给我们的遗赠就是对共同进

步的渴望，而这种共同进步是由那些决定在各自行业和群体中做出非凡成就的普通民众来完成的。

对于民众来说，支持他们所从事行业的一种常见方式就是通过成为协会会员来开展行业服务。许多人对加入协会参与服务工作高度满意。通常来讲，能够进入专业性协会从事董事会工作可谓是会员生涯的制高点，如果能担任董事会主席则能为自己带来更加至高无上的尊重与荣耀。但是，当协会会员完成了自己的业务目标时，并不意味着他们就懂得如何成为一名董事会成员。协会独一无二的架构事实上确保了每一位进入董事会的人员都要具备培训经验来了解董事会角色定位，确保他们能够在协会工作中发挥实际效力并帮助协会得以蓬勃发展。

在我帮助协会执行董事工作的过程中常常听到，即便是在成熟运营的协会组织中，在处理董事会事务时也会出现问题。在大多数情况下，这些问题都可以通过明确协会政策以及对董事会成员进行岗位职责培训而得以弱化。作为一名新任 CEO，你需要去审阅协会的董事会政策，并且要弄明白协会以前都提供哪些培训内容。我发现协会执行董事在多数情况下会忽视岗位培训，或者根本就没有要开展董事会成员入职培训工作的意识。如果董事会成员不懂得协会组织架构、不了解协会政策和战略计划，那他们只会倾向于按照自身喜好来设置工作项目、进行游说。这只是缺乏入职培训的其中一个后果，而实际上还会引发其他诸多问题。缺少对董事会成员的入职培训和定向指导对于新任 CEO 来说是一种警示信号，在发现这一问题后，你需要与董事会主席进行一场开诚布公的谈话来了解协会为什么没有进行董事会培训。

对于许多中小型协会的新任 CEO 来说，一个毫无效率、职能紊乱的董事会将会令人非常尴尬不安。你可能会发现这个协会并不会组织召开董事会会议，就算召开了会议，董事会成员也不会出席会议；而且没有人想在董事会中担任职务，董事会也从未想过动用协会储备金来开展工作，董事会所筹划的会议议程也没有任何效果；至于协会的董事会主席，即便他们都是出于好意，但却根本不知道自己该做些什么，甚至不懂得如何去组织一场会议。

非常遗憾的是，我已经见识过以上这些情况将会导致的后果，而且结局并不怎么好。在混乱无序的董事会中，大家很可能会顺从那些已经功成名就的成员，无论这些有威望的人说什么做什么，其他人都会表示赞同，因此也常常毙掉了某些有价值的讨论内容。一种情况是，董事会会议演变成为一场饱含争议的对峙，而伴随会议所进行的激烈讨论却毫无意义；还有一种情况就是，会议变得百无聊赖并且没有成效，成员的注意力完全在状况外而没有投入到会议讨论之中。上述这些情况使董事会就像一个摇摇欲坠的纸牌屋，造成所有这些问题的原因都是由于董事会主席和成员缺乏适当的管理技巧，而无法顺畅地运营协会来达成组织目标。

但对于那些能够有效运转且掌握协会管理状况的董事会来说，一切就都直截了当了。你的工作就是帮助他们理解董事会的角色定位。被选举出来的董事会成员要受到三项法规的约束：关照义务、忠诚义务和服从义务。

关照义务意味着协会高管和董事都应当在履行自己的职责时对工作表现出正常合理的关心姿态，展现出自己对协会的忠实与诚信。他们的行为表现必须是出于为协会的最佳利益而着想。在"经营判断规则"的保护下，只要有合理证据表明他们在工作上所产生的行为是源于对协会利益的关心义务，是出于好意而为之的，那么这些高管和董事将免担因判断失误的错误行为而产生的个人责任。作为董事会成员应当明白，无论自己采取怎样的行动，只要是出于恶意或是并非为了协会最大利益而产生的行为，都将面临法律的诉讼。

忠诚义务涉及对协会的信任和诚实。董事会主席和董事会成员在做任何影响协会发展的决定时，都必须完完全全忠诚于协会。他们不能把个人利益（包括协会以外的其他业务、个人的经济利益和亲信的利益）凌驾于协会利益之上。董事会成员必须公开所有可能存在的潜在利益冲突，并且在面临涉及自身利益的审议或投票环节时，这些成员应当采取回避措施。如果某些董事会成员同时在竞争行业组织的董事会中也有任职的话，那么他应当公开这一事实，并且不能参与某些事项的投票工作。令人感到奇怪的是，对于某些协会来说，有关利益冲突的事项竟然从未被纳入董事会的讨论事项范围之内。这种情况令人非常遗憾，因为没有公开利益冲突而产生的判断失误有可能导致违法行为的产生，或者至少会导致成员之间产生尴尬、疏远及愤怒等问题。每个协会每年都应当让董事会成员签署一份有关利益冲突政策的承诺书，因为利益冲突的存在是无法避免的，因此解决它们的办法就是公开它们、鉴别它们和讨论它们，然后董事会就能够依此判定当前情况是否确实存在冲突。协会中存在利益冲突并不是问题，而无法正确对待这些冲突才是问题所在。作为新任 CEO，你可能会打造出这样一种协会情形：组织中可能存在利益冲突，但是董事会成员在会议上会对这些冲突进行讨论和判断，然后想出可能的解决办法。这样一来就能够帮助董事会成员准确了解组织中可能存在的冲突。

服从义务强调协会高管和董事在行为上要遵从组织章程、规章制度以及其他管理性文件和适用法律条例等要求。当然，协会政策也不容忽视。董事会成员如果不遵守协会的规章制度或是在主观上忽视这些规则的话，则会给协会带来很多麻烦。同样地，作为协会 CEO 也需要了解和掌握协会的规章制度，如果一旦发现董事会所讨论的事项有可能违反规章制度的话，那么 CEO 需要介入其中，并且要向成员们做好有关规章制度要求的提醒工作。比如，有一个协会的董事会试图越过选举程序，直接让任期已满的董事会成员连续接任。由于他们找不到合适的人选来运作董事会，因此便认为可以简化董事会改选流程，不必遵守规章制度的规范程序要求，不用告知成员有关董事会任期的改选计划，也不需要他们进行投票，而是直接将目前的董事会任期更新延续。但是这样的做法是完全错误的，董事会不应当忽视规章制度的存在。

要带领一个协会的成长听起来让人有点望而生畏，但是事实的确如此，因为管理协会毕竟也算是一项严肃的事业。有些董事会成员在宣誓入职或在决定就任董事会时并没有意识到他们未来的行为可能会导致的法律后果。协会的 CEO 必须要弄清楚这些职责义务并向董事会做出解释说明。如果你发现董事会成员还没有接受过相关培训，那么就为整个董事会策划一次入职培训会。一旦他们接受了培训，了解了董事会的角色定位和职责所在，那么他们就必须在后续开展工作的过程中谨记自己的任务和责任。

董事会的角色定位

对于董事会来说，了解他们的工作职责和定位是非常重要的。董事会成员是经由大家选举出来的，他们应当以自己能够在协会的最高职位中任职而感到骄傲。你的工作就是帮助他们获取成功，并且让他们学到工作所需的培训内容。

董事会职责包括：

1. 确定协会的任务和目标；
2. 招聘和培训新进董事会成员，对董事会工作情况做出评估；
3. 为协会制定有效的战略计划；
4. 举荐 CEO；
5. 支持 CEO 的工作并对他进行绩效考核；
6. 确保充足的财政来源；
7. 监管协会资源情况（包括预算和财务控制）；
8. 确立、监管并巩固协会的项目并做好服务工作；
9. 提升组织公众形象；
10. 确保自身行为合法化，为人正直诚信，并保持对工作的问责。

引导董事会成员适应其角色定位

确保董事会成员理解他们的角色定位对于协会获取整体成功来说十分重要。作为一名新任 CEO，你必须确认董事会成员是否在以前已经接受过任职培训，如果没有的话，那么你需要尽快拟定一个董事会任职培训计划。董事会任职培训是你作为协会执行董事需要完成的重要的工作之一，其首要目的就是向成员们传达学习信息以提升他们工作的理解能力和管理能力。

虽然这些成员在参与协会服务工作时已经在自身领域积累了多年的从业经验，但是他们当中的许多人从未专门供职于专业化的董事会职位。他们可能曾是某个委员会的成员，或是曾经参与过像美国少年棒球联合会（Little League）、地方家长-教师协会（Local Parent-teacher Association，PTA）以及一些房屋所有者协会等社团组织的董事会工作。许多协会的CEO也曾经在诸如此类的组织中参与过服务工作，但是请回想一下你自己的经历：在参与这些工作时，你都接受了哪些培训？如果这些组织为你提供了相关培训，那你便是幸运的，但要知道在多数情况下，他们是不提供任何培训的。当各种由志愿者运营管理的协会组织邀请我来参与他们的董事会工作时，我发现，他们不提供任何有关组织情况的介绍、不举办任何有关任职岗位的培训、没有积累有关协会项目活动的历史背景，也没有更新有关协会工作内容的最新信息。这对我来说绝对是一场艰难考验，我只能坐在那里静静聆听，努力去了解协会目前的发展现状。我可以选择在几个月之内什么都不做，直到自己掌握了协会事务的进展要点之后再开始投入工作；我也可以选择主动出击，在董事会会议召开的前前后后就对协会事务提出大量问题以了解协会工作概况。而我最终还是选择了后者。你作为一名领取协会报酬的专业员工，是不会希望那些制定年度工作目标和考核CEO工作绩效的董事会成员体验与自己相同沮丧的经历。因此，对你来说仔细检查组织情况、掌握董事会成员对自身岗位的了解程度显得至关重要，然后你便可以制定相关培训计划，看看如何才能通过更好的方式给予他们工作所需的技能和信息。

为董事会精心组织一次经过深思熟虑的培训课程是CEO工作的关键组成部分。有位任职时间很长的执行董事曾经告诉我，他们所谓的新进董事会成员培训，其实就是在召开第一次董事会会议之前把这些人集结在一起，告诉他们在出席会议时只需要旁听即可，然后用不了多久，他们自然就会知道自己的工作职责是什么了。但是，这根本算不上是真正的董事会任职培训。

作为协会的CEO，你需要了解协会过去都做过哪些努力，是否开展过董事会任职培训。如果协会以前组织过任职培训的话，那么开展培训的频率如何？此外，你还要核查一下以前的培训都包含哪些内容，考虑一下应当参加培训的受众群范围，斟酌一下应当由哪些人来介绍培训内容。比如：任职培训的对象是董事会全体成员还是仅仅面向新进成员？任职培训的时长应当为多久？是将培训作为一个重点集中的独立项目来开展，还是把培训作为当年董事会首次会议的开篇内容来呈现？在阅读本章节的内容后，你应该就能对优秀的任职培训项目有所了解和掌握，然后你便可以依此来调整协会现有的培训项目或是重新为董事会成员打造一个全新的年度培训活动。

无论你是调整现有的培训项目，还是从头开发一个全新的培训制度，你都要事先与董事会主席进行沟通，向他们解释优秀的协会组织都会配备岗位任职培训这一工作流程。此外，你还可以引用参考美国社团管理者协会的研究项目来向他们进行说明，该调查数据显示有 79% 的受访对象表明他们为董事会成员提供了正规的任职培训项目〔资料来源：美国社团管理者协会 2011 年发布的《协会管理基准：治理政策与流程》(*Benchmarking in Association Management: Governance Policies and Procedures*)〕。许多协会之所以没有开展董事会任职培训，其中一个最常见的原因就是他们认为培训太耗费时间了。但是，以我的经验却证实了与之相反的观点。通常情况下，一场需要持续 2 小时的任职培训会其实可以缩短时长，仅仅需要花费 60 分钟即可完成，而这对于提升董事会成员对岗位工作的理解和提高他们的管理能力来说仅仅是一笔小小的投资。

在与董事会主席讨论有关重建或是完善任职培训项目之前，你应当事先拟定好一个议程安排，其中要包含任职培训的内容。董事会主席可能会成立一个特别工作小组来对任职培训提议进行审查；但是他们也可能直接以主席的身份，单方面地认同协会需要这样的任职培训，然后直接将决定好的培训计划向董事会进行宣布。

对你来说，为董事会全体成员或是新进成员举办任职培训是一次难能可贵的机会，你要把握好这一时机向他们充分解释说明有关董事会的岗位情况、职责任务、法律事务、组织财务以及战略规划等内容。你可以选择邀请其他协会的顾问来帮助你完成培训工作，因为在通常情况下，尤其是在谈论对比有关 CEO 和董事会的角色定位和职责划分等问题方面，听一名协会专家讲述要比听协会员工的讲解更加具有影响力。当然，即便你请来了外援顾问，但在培训涉及某些协会特定议题时，仍然需要由你这位CEO来负责讲解，这些内容包括：协会战略计划、财务情况和管理政策等。你可以利用培训机会，向董事会成员展示自己的组织运营管理知识、向他们介绍协会员工、讲解有关培训课程以外的关键内容，并且为他们补充更新那些会影响协会发展的行业趋势信息。

鲍勃·哈瑞斯（注册社团管理师）是非营利组织中心（The Nonprofit Center）的创始人，同时也是一位协会顾问。他列举了下面这些关键要素来解释为什么协会应当进行董事会任职培训。我建议，如果你从未组织过董事会任职培训的话，你可以将下面这些要点作为你与董事会主席商谈的内容；如果你需要自己承担完成董事会任职培训的工作，那么在筹划培训时可以将下面这些要点作为任职培训的内容框架。

- **董事会的法律保护**。董事会成员应当明白他们是受董事及高级管理人员责任保险（Directors and Officers Liability Insurance，D&O保险）规则保护的，可以免受法律诉讼的惩罚。在保护董事会方面，协会一般还会辅以志愿者豁免原则、免责赔偿条例以及通过组织架构等来作为补充保护内容。如果协会没有D&O保险，那么你应当和董事会主席商量，建议他为协会购买这一保险。向董事会介绍协会保险所涵盖的责任范围应当作为任职培训内容的一部分。

- **协会管理文件**。协会董事必须遵从"服从义务"中的诚信原则。这一原则要求他们遵守协会章程、规章制度和政策等协会管理文件的相关规定。当法院向协会董事发出"你是否收到有关协会的管理文件"的询问时，你从他们的询问记录中便能断定协会是否已经向他们正式发布了管理文件，或者他们已经在董事会任职培训时获取了这些文件。在任职培训期间，董事会成员应当对规章制度和董事会政策进行审阅，成员们还需要签署承诺书以确保他们知晓并了解自己的岗位角色。每一位董事会成员所签署的承诺书都会被存留在协会办公室内，以确保他们已经理解并且承诺遵守诸如利益冲突和反垄断原则等在内的协会政策。一旦他们在任期中出现任何问题，你便可以拿出他们所签署的承诺书来进行参考比对。

- **美国国税局 990 表**。在这个协会的必填表格中，美国国税局会询问一系列问题，其中就会问及董事会是否在递交 990 表之前对内容进行过审查。而你要把握好机会，在任职培训时就告知董事们有关 990 表的最新提交情况，并且在这之后每年的董事会会议上都应当对 990 表进行审阅和批准。

- **公开备案记录**。协会的志愿者可能会以为组织的会议记录、财务信息和人员名单都应当受到开放文件档案法（Open-records Laws）以及信息自由法（Freedom of Information Act）的制约与管理，并且必须提供给任何有取用需求的组织成员使用。但是，这种想法并非完全准确。你要告知董事会真正属于公开备案记录的材料包括：美国国税局 990 表、1023 或 1024 免税申请表以及国税认可信函（Letter of Determination）；此外，你还要告知他们，如果协会没能应要求提供这三类美国国税局文件材料的话，则会面临潜在罚款的可能。如果协会一直未能提供这些文件，则可能面临每天 20 美元的罚款，随着时间累积罚款将高达 1 万美元。

在应对现场查询需求的情况下，协会应当将这些文件的复印件立即提供给查询人，或者是在组织结束当天工作后提供给查询人；如果是应对书面查询申请的情况下，协会则应当在 30 日之内提供相关文件的复印件，并且可以适当收取合理的复印费及邮寄费用。

协会应当制定相应的程序，以便协会员工了解美国国税局对公开备案记录材料的要求。其中一个简单的办法就是在共享硬盘或是在类似 Dropbox（Dropbox 能够将存储在本地的文件自动同步到云端服务器保存）的云端服务器上创建一个名为"美国国税局公开备案记录材料"的备忘录或电子文档。备忘文件中应当包括过去三年里美国国税局年度 990 表的 PDF 复制版以及协会的免税申请表和国税认可信函。

另外一种提供这些文件复印版的方式，就是将文件材料公示到网络上，以便大家广泛使用。你可以把它们发布到协会的官方网站上，或是在搜索引擎网站将文件进行关联。

- **垄断行为。**美国联邦贸易委员会（Federal Trade Commission）要求协会建立配套的垄断行为规避措施和政策。对于协会来说，可以借由任职培训这一时机，告知董事会成员反垄断措施的存在，并将这些信息记录在案。此外，如果协会还不具备配套的反垄断政策的话，那么你应当协助董事会做好相关政策的发展制定工作。

- **利益冲突。**由于美国国税局会在990表中向协会提出有关处理利益冲突的问题，比如：协会是否具有配套政策公开利益冲突？协会的政策是如何对利益冲突进行例行管控的？因此，应当把利益冲突处理作为一个专题纳入董事会任职培训的内容当中。协会应当对潜在的利益冲突问题进行讨论，董事会成员也应当学会应对处理此类问题的方法。相信有许多的董事会成员都会对利益冲突提出疑问，任职培训就是谈论这一话题的最好时机，而且你还可以在培训时对协会的相关政策进行强调说明。

- **权威。**董事们可能认为坐上了董事会这把交椅就等于赋予了他们代表协会发声的权力。如果你在任职培训之初就向董事表明他们对外交流沟通的界限原则的话，那么便能避免他们针对权威概念的混淆和冲突。你可以在培训时与董事们探讨各种各样的情形，并征询他们的反馈意见。在表见代理的法律原则下，权威是建立在表面上的，当一个人以某个组织的代理人身份出现时，实际上的法律责任还是由这个组织来承担。因此，你要确定好由谁来担任协会的官方发言人（发言人在通常情况下是由董事会主席或执行董事来担任），并且要明确当董事会成员接到媒体联系的要求时应该如何应对。你要知道，让董事会成员来作为协会的权威发言人，代表协会进行公开陈述说明是非常不明智的。

- **价值。**每个协会都会发展自己的道德文化和价值观念用以引导组织治理工作。你可以利用董事会任职培训的机会来探讨董事会的价值所在，比如，你们可以讨论有关董事会在组织透明度和多样性表现上的价值体现。如果董事会在以前还未曾阐明其核心价值观，那么从某种程度上来讲，这次培训又会成为一次很有意义的董事会成员的交流与探讨。

- **战略方向**。你可以利用董事会任职培训这一时机，审查协会目前的战略规划情况，并将最新进展告知新进董事会成员。如果协会还不具备战略规划，那么你们需要讨论研究一下协会制定战略计划的需求。值得注意的是，有关制定战略计划需求的研讨必须面向全体董事会成员，而不能仅仅在培训会上面向新进成员来进行。

- **伙伴关系**。在任职培训结束时，董事们应当理解他们的岗位角色并不仅仅是进行管理工作，而是要进行协会治理。关于治理这一概念，可能还需要多做一些解释，但是要想充分理解这一概念，重要的是要明白治理与管理之间的差别。许多协会董事会在不清楚自身的角色定位或是在缺乏战略计划的指导下开展工作时，总是会把他们的精力耗费在对 CEO 的微观管理上，他们会开始质疑 CEO 的工作，或是直接接管 CEO 的工作。我听说，有个协会的董事会越过了执行董事，直接雇用了一位全职人员来从事会员招聘工作，而这个人不具备任何有关项目销售、协会管理、会员招募与保留以及会员数据库管理的背景。而且，这个董事会在没有执行董事参与的情况下便直接开始着手指挥这名员工的工作了。像这种工作上的分裂行为只会给协会带来伤害，只有董事会和协会工作人员建立良好的合作伙伴关系才能共同推进组织向前发展。

如果你参考了哈瑞斯有关任职培训的指导原则，那么在确保每位董事会成员都跟上了培训进度之后，董事会的工作效能将会得到极大的提升。任职培训是你创造非凡成就的一个方面，它能在很大程度上提升你作为协会领导者的感知能力。除此之外，为董事会提供这样的培训机会还能巩固你与董事会在共事过程中的良好伙伴关系。开展董事会任职培训的益处可谓是多方面的，它不仅能够展现你的专业知识水平，还能够在 CEO 和员工之间准确定位董事会的岗位角色。

除上述内容之外，这里还有许多其他方法可以帮助董事会主席（或候任主席）更好地理解他们的岗位角色，指导你与他们如何共事。比如，你可以考虑让他们参加由州级协会社团或是美国社团管理者协会主办的 CEO/候任领导人培训研讨会。通过参与这类研讨会的方式，能够让那些志愿领导者有机会聆听协会管理专家关于岗位角色定位和职责定位的讲解。另外，非营利组织中心的网站http://www.rchcae.com 也是一个很好的培训资料来源，在这里鲍勃·哈瑞斯提供了海量的资料以供免费使用，其中就包括关于董事会任职培训议程的模板。

协会宗旨和战略规划

每一个协会都应当具备自己的运营宗旨，并且由它来定义协会的任务目标。运营宗旨通常是由董事会在协会的战略规划会议上制定出来的，它的内容范围应当足够宽泛，能够囊括协会未来 10 多年的发展目标。如果协会在过去的 10 年间没有对运营宗旨进行过评估的话，那么最好在协会下一次的战略规划会议上对其进行评估。

现如今，很难想象有哪家大型企业不具备强有力的运营宗旨，它可是组织内涵的一贯体现。这些关于运营宗旨的声明像祷告一样一遍遍地在组织内部重复，并以广告的形式向客户传达。运营宗旨已经成为一个企业打造品牌的重要机制。同样地，协会董事会也必须将组织的运营宗旨内化于心。协会生涯离不开宗旨，它在每一个关键时刻引导着董事会做出决断。

在所有董事会会议中，协会宗旨都应当被摆在最重要且最核心的位置上，并且得到协会每一位员工的拥护。在每一次董事会会议上，我们都会将协会宗旨同董事会成员姓名一起打印在桌签上，并且还会将这些材料印制在会议议程之中。协会的战略规划应当与宗旨息息相关，并且所有有关协会工作的新想法、新项目都应当与协会宗旨保持一致。一旦我们发现有任何建议和做法超出了协会宗旨的界定范围，就应该立即引起警觉并将其视为威胁协会发展的危险信号。

运营宗旨应当是协会开展一切事项的指导原则。试问一下，你和董事会了解组织的运营宗旨吗？你们对它理解得清晰透彻吗？其实，理想的运营宗旨在表述上应当是简单明了的，是能够用一两句话就可以清晰表达出来的，而且还能够让员工和志愿者很容易地记住并理解它。

协会董事会重要的职责之一就是确保组织具备战略规划，即指导员工开展工作和推动协会向前发展的路线图。如果协会在你履职新任 CEO 时已经具备了现成的战略规划，那么你要确认一下组织是否正在依照当前制定的战略规划开展工作。比如，你需要确认所有的工作事项是否都已经依照战略计划的安排执行完成了？董事会是否会在每次会议上就战略计划的进展情况进行讨论？有些协会其实并不懂得如何制定一个切实可行的战略计划，由于他们所制定的计划太过难以实现而令人生畏，而且还无法从中获取重要的信息来开展工作，因此这些协会往往是在花费大量的时间和金钱之后便将战略规划束之高阁了。如果一个协会不具备自己的战略规划，那么你一定要搞清楚这其中的原因，并且要告知董事会成员需要制定战略规划的原因到底是什么。

董事会在评估 CEO 方面的职责

董事会重要的工作职责之一就是聘用 CEO，为 CEO 的工作提供支持并且进行绩效考核。这就如同员工希望从领导那里得到他们对自己工作表现的评价和反馈一样，身为 CEO，你也需要从协会董事会那里得到适当的意见反馈与工作指导。在美国社团管理者协会所开展的一项研究中，有 78% 的受访者表示，他们所属的协会在 CEO 工作绩效评估方面配备了书面正式的工作流程或管理政策（资料来源：美国社团管理者协会 2011 年发布的《协会管理基准：治理政策与流程》）。如果你所属的协会组织没有配备正规的CEO 工作绩效评估流程的话，那么你需要针对这一情况与董事会主席进行商谈。对 CEO 进行工作绩效考核是董事会应当履行的岗位职责的一部分，因此千万不要让董事会拒绝承担评估职责。此外，美国社团管理者协会的调查还显示，大部分协会组织的董事会都履行了 CEO 工作绩效评估的职责。

开展评估工作的目的是为了设置明确的工作预期和目标，然后在未来的工作中努力去实现它。绩效评估不仅是对完善和改进 CEO 工作的一种讨论，它还是对 CEO 达成工作目标的一种褒奖方式。

虽然大多数 CEO 认同评估工作是董事会的一项重要工作职责，但在实际上仍有一些执行董事吹嘘，他们所属协会的董事会并不会给 CEO 设置工作目标，或是不会对 CEO 的工作绩效做出评价。这些 CEO 告诉我，董事会对他们所做的一切都非常满意，因此董事会认为没有任何必要去评价 CEO 的工作绩效情况。你可能会认为这是董事会对 CEO 工作成果的称赞，但实际上这种做法却非常不专业。在我看来，这样的行为不仅目光短浅，并且会给协会带来灾难性的后果。如果我知道董事会没有任何兴趣来评估我的工作表现的话，那么我会为自己的工作感到担忧。如果你和董事会没有商议确定好自己每年的工作目标，并且你们也没有在评估 CEO 工作绩效的方式方法上面达成一致，那么一旦有人对协会工作感到不满，作为 CEO 的你便会是那个受到抨击的对象。

如果协会没有配备 CEO 工作绩效评估程序，那么对于你与董事会主席来说，这又将是一次共同商议协会基本架构和政策的好机会。首先，协会应当配套设置经由董事会批准过的 CEO 绩效评估程序，其中规定了实施评估的时间和主体。此外，在评估程序中还要注意明确董事会的参与方式。比如，CEO 的绩效评估工作是需要董事会全体成员参与完成，还是仅仅由协会的执行委员会来组织实施？由于 CEO 在工作过程中已经与执行委员会建立了密切联系，因此在一般情况下，全体董事会经常会要求执行委员会限制性地参与 CEO 的评估审查工作。此外，有些协会还组建了评估与薪酬委员会来专门处理 CEO 的审核评价工作。但是，无论由谁来完成评估工作，最终都应该形成评估报告并将结果反馈给董事会全体成员。实施评估工作的方式多种多样，但是评估程序必须经过董事会审议批准并正式行文发布，依此每年的评估工作才能正式执行。

如果组织中还不具备 CEO 工作绩效评估计划，那么在你打造绩效评估计划的过程中，可以把它视为对协会全面治理情况检查的一部分；当然也可以把它作为专门的工作环节来进行独立制定。协会必须在经过深思熟虑之后才能开始实施 CEO 的绩效评估工作，并且在这一过程中，可能还需要由刚刚卸任的董事会主席带领一个专门的工作团队负责开发和制定评估程序和测评工具。CEO 的年度工作目标应当经过董事会和执行董事的充分讨论与协商，并且要明确地阐述出来；此外，所设定的绩效考核目标也应当是可以按照客观标准进行测量和实现的。如果协会没有明确定义 CEO 工作的绩效目标，那么在开展评估工作的过程中，可能会有大量吹毛求疵或是偏心祖护等问题情况的发生。

记得我曾经和一名新任执行董事谈论过他们协会糟糕的状况：这个协会曾经在年会结束之后召开了长达一个半小时的董事会会议。但是据我的估算，在年会结束时每个人都已经筋疲力尽，只想着能够早早回家休息。可以说，协会选择在这一时机召开董事会议非常糟糕。在会上，董事会成员还要求这位新任执行董事离开会议室，回避会议内容，但却不告知其原因。当他被重新请回会议室时，董事会便开始当面对他制定的协会年会方案提出批评，并且还指出了会议召开期间存在的问题和错误。这一情况的发生让这位新任执行董事感到十分尴尬，他没有赢得董事会成员对自己的信任，并且对目前发生的状况也茫然无措。在这一事件中，首先需要明确的是，协会根本就不应该允许以这种方式召开董事会会议。董事会主席应当立即出面制止，并向董事会做出"另寻机会、再做讨论"的声明，如果有人对此事仍心存担忧，那么可以将情况单独反映给董事会主席。但在这一事件里，主席的沉默等于给予了董事会继续将事态扩大的信号，结果导致了这位执行董事只能被动地坐在那里，任由与会人员发表对他的批判意见。然而，在大家发表意见的过程中，本该出面介入的董事会主席没能再次制止这一情况的发生。这位执行董事只能任由愤怒的董事会成员不断地抱怨，听他们讲述对自己过去半年来的工作有多么不满。就这样，董事会成员在草率评价中投来的"批判的雪球"逐渐演变成为一场"语言暴力的雪崩"，不断压向了这位执行董事。

　　事实上，这个协会的董事会从来没有对以往任何一届任期的 CEO 进行过工作绩效评估，并且也没有与这位新任执行董事讨论过有关年底绩效考评的事宜。由于董事会根本没有准备任何的评估方案，也不信任这位执行董事，而董事会主席也不知道该如何把控这样的局面，因此导致事态演变成为对这位执行董事的当面现场评估。可以说，协会董事会的行为反应相当不专业，而且董事会主席在面临这种局面时也没能做出任何应对的准备。最终，这名执行董事在两个月之后便被解雇了。

　　关于 CEO 工作评估的另外一个方面就是 CEO 的聘任协议。对于签约双方来说，协议就是保障他们利益的条款。在董事会看来，CEO 通过签订聘任协议来保证自己是自觉自愿留下来参与协会工作的；而对于 CEO 来说，他们能够通过协议条款获取有关缔约双方解除聘任关系的参考原则。另外，在聘任协议中还会做出明确规定，是否会在 CEO 被无故解聘的情况下给予他们一定时间和一定数额的离职补偿金。

　　这里，我们来看一个案例：有这样一名已经为所属协会服务了 18 年的 CEO，他是这个组织中唯一的雇员，而现在却被要求回避出席董事会会议。当他在两个小时之后被重新请回会议室时，董事会宣布要解聘他，并且决定要雇用一个协会管理公司来做组织的运营管理工作。董事会主席想要付给他一笔离职遣散费，但是由于这名 CEO 在当时并没有与协会签订聘任协议，因此协会对于 CEO 离职费用并没有可以参考的规范原则。结果在这一问题上，董事会成员全都带着各自的观点和想法介入进来，有的认为不应当给予补偿，有的则认为应该按 CEO 在协会的工作年限适当补偿。最终大家讨论决定，给予这名 CEO 两个月的工资作为离职补偿金，但是他必须在工作交接期间坚持完成工作才能拿到这笔费用。这个例子向我们揭示了签署聘任协议对于新任 CEO 来说的重要性，或者至少你应当与协会商定一个无故解约／因故解约的条款。

　　美国医疗器械促进协会（Association of the Advancement of Medical Instrumentation，AAMI）的 CEO——玛丽·罗根（注册社团管理师）记得有两名新任 CEO 在没有签署聘任协议的情况下就任职了。这两个人都太渴望得到他们的首个 CEO 职位，因此他们没有提及签订协议的事情。他们拿着低廉的工资，期待着能够证明自己的实力，并盼望着一年后的工资能够得到提高。但是，这种局面会令人非常尴尬，缺少了聘用协议的保障，他们也就无法获得自己所需的有关工作目标、检查评价以及绩效反馈等信息，也就失去了同董事会对话商讨的机制。事实上，他们也并不知道自己可以就聘任协议事宜与董事会进行对话。在目前这种情况下，他们认为自己只能等待董事会来主动发起对话沟通了。

如果你已经签署了 CEO 聘任协议，那么在这份协议中，你会获得有关 CEO 工作绩效评估的参考原则，并且协议还会明确规定解除协议效力的方式方法。记住，有关聘任协议的内容必须落实到书面上。此外，罗根还建议你最好邀请一位律师代表来帮助你审查协议条款。罗根自己本身就是一名律师，但是她发现协议中的许多条款是自己并不熟知的，比如合同中的"长久有效条款"就意味着该协议每年会自动续约。因此，她邀请了另外一位律师共同对自己的聘任协议内容进行了审读。

由于在 CEO 的聘任协议中还要规定有关薪资报酬的条款，因此罗根还建议董事会可以将"协会薪酬调查结果"（这个数据可以从州级社团管理者协会或是美国社团管理者协会那里获得）拿来，作为制定 CEO 工资待遇的参考标准；或者，协会还可以邀请薪酬顾问来帮助制定 CEO 的薪资标准，这些顾问会将其他同类别组织中的 CEO 工资水平拿来进行一一比对。这些有关 CEO 薪资水平的调查研究，能够帮助董事会了解其他同等人员或资金规模的协会组织所制定的执行管理者的工资待遇情况。有些协会董事会会错误地在行业薪资标准的基础上制定 CEO 的工资水平，比如，他们会认为教育协会的执行管理者应当享受和老师一样的工资待遇。此外，薪酬调查中还包括了有关员工工资和福利待遇的内容，这些都可以作为参考来帮助 CEO 制定协会员工的工资标准。

如果你在没有签署聘用协议的情况下就开始担任 CEO，那么请在你任职 60 天的工作绩效评估会上将这一问题提交给董事会，但董事会也许还意识不到协议是保障双方权益的最佳处理方式。如果你在缺乏一纸协议的情况

下还能持续获得董事会的高度赞许，那么请你花费些时间，研究一下签署协议对缔约双方都有哪些益处，然后在任职一年之后针对你的研究结果与协会的执行委员会进行交流探讨。

董事会会议

要想真正理解董事会的构成情况，那么你需要来参考协会的规章制度。在协会的规章制度中，会设置专门的章节来解释说明董事会的选举产生流程、进入董事会的资格条件、董事会的义务职责、董事的任期长短、召开会议的时间和类型等内容。大多数州级或国家级协会的董事会会在每个季度召开一次董事会会议。在两次董事会会议之间，协会的执行委员会通常有权代表董事会进行决策制定，然后这些决定会在下一次董事会会议上申请得到批准。你可以参看自己所属协会的规章制度，确定里面是否明确阐述了有关执行委员会权力或其他相关的管理政策。如果在协会的规章制度中没有提及董事会的运行管理规则，那么你需要与董事会主席展开讨论，共同研究协会如何在两次董事会会议之间推进工作；同时，你还要提醒自己，是时候着手准备规章制度的修订工作了。

由于一些地方性协会的工作涉及会员的参与，并且许多募捐活动是由志愿人员协调配合的，因此这些协会选择每个月召开一次董事会会议。董事会会议的召开频率取决于每次会议时的工作完成情况，或许有些协会确实有频繁开会的需要，但要谨记一点，志愿员工的时间十分宝贵，因此协会不要滥用他们的时间。如果每次会上并没有什么重要或紧急的事项需要讨论，那么你应该考虑减少召开董事会会议的频次。此外，你还要审核组织的规章制度，因为你可能需要在对制度进行正式修订后，才能将调整后的会议召开频次付诸实施。

在协会组织中，决策制定环境是一种协作的结果，它包含了复杂的工作流程和多层次人员的参与。因此，相较于营利性组织，协会从讨论决策到完成工作所需要花费的时间往往更多。而且，如果有必要的话，协会还可以延长董事会对每一个重要决策的思考时间。每一个协会都会组建多样化的工作委员会和特别工作小组，由他们负责完成工作情况调研并向董事会进行汇报。通常情况下，协会组织架构中的委员会或特别工作小组会依照董事会的指令开展工作，并且协会事项的最后批准权掌握在董事会手里。而作为协会员工，他们在组织中的岗位角色就是协助、引导和执行由董事会设置的工作指令，此外还有许多高级管理人员会参与配合领导层的决策制定工作。可以说，一个高效运转的协会组织是需要协会员工与董事会之间的极度密切配合才能顺利完成工作。

虽然大多数协会一年需要召开四次董事会会议，但是会议的召开方式仍然可以有多种多样的选择，不必每次都采取面对面的讨论形式。由于有些协会的董事会会员遍布全国各地乃至世界各地，而出席会议又需要耗费他们大量的时间成本和金钱成本，因此这些协会丰富发展了他们的会议模式。比如，协会可以采取利用电话、Skype 软件或是 GoToMeeting 会议系统等方式来召开电子化会议。当然，非面对面的会议沟通也会让你在讨论中失去一些东西，但是日渐发展的交流沟通科技可以让董事会的工作变得更加高效。因此，你不妨去确认一下协会的规章制度和政策，看看这些电子化手段是否被允许使用。

近些年来，关于协会治理结构的内容被不断研究并且遭遇到挑战。当哈里森·科华和玛丽·拜尔斯（注册社团管理师）所撰写的《突破传统——社团的五项根本性变革》（*Race for Relevance—5 Radical Changes for Associations*）一书于 2011 年出版时，他们就已经考虑到应当简化协会组织结构或者是缩小董事会规模。科华和拜尔斯认为，更小规模的董事会能够让成员更加全情投入工作，并且在处理工作时也能更加灵活机敏。尽管我认同他们所提出的有关简化组织管理的论断，但是以我的从业经验来看，并不存在什么所谓的董事会最优化人数。由于各个协会的需求不尽相同，董事会的规模也会随之改变，所以重要的是要理解协会的组织文化。董事会可以表现得很有政治色彩，其规模的变化范围也可以很宽泛，比如像有些协会的董事会规模就很大，其成员数量甚至超过 100 人。在一项由美国社团管理者协会基金资助，由贝丝·盖兹利博士和艾什莉·鲍尔丝组织实施的调查研究中发现，董事会成员规模的中间数值为 15 人。该项研究最终于 2013 年被美国社团管理者协会出版形成了《高执行力董事会——会员服务组织治理实践》（*What Makes High-performing Boards—Effective Governance Practices in Member-Serving Organizations*，ASAE，2013）。尽管研究人员发现董事会规模具备一定的影响力，但是需要更加注意的是，只有董事会的专注力才是协会工作中最重要的影响因素。作为一名新任 CEO，在董事会改革整顿方面你应该做到谨言慎行，除非董事会主动要求将此作为紧要议题进行研究。你可以花些时间观察一下董事会的内部工作情况，看看大家是否全身心地投入工作，然后考虑是否有必要对董事会进行调整。

大多数协会都会配备执行委员会，他们是由董事会主席、候任主席、卸任主席以及财务主管或其他高管人员所组成的。相对于全体董事会来说，这个小团体会更加经常性地在董事会会议间隔期间组织召开会议以推进协会工作。像这种在董事会会议间隔期间召开的会议，大多都会通过电话或是视频的方式来进行；除非这个协会是个地方性组织，才会在与会人员往来交通十分便捷的情况下采取面对面的交流形式。另外需要说明的是，执行委员会制定决策的权威性应当在组织的规章制度中予以阐述。

在许多协会组织中，董事会成员的任期一般为三年，而高级管理人员的任职年限可能会更长一些。如果当选了董事会的主要领导，其任期可能为三年，即：第一年为候任主席，第二年为当届主席，还有一年为卸任主席。但是，在某些协会组织中，董事会主席的任期还可能仅为两年。因此，你需要查看协会的规章制度，了解你所在组织中董事会成员和高级管理人员的任期时长。如果制度中没有对任期进行限制，那么你应当在审查协会治理情况时或是在修订组织规章制度时提出这个问题。

限定任期时长这一点非常重要。我经常听说，有些协会的董事会主席在任多年，董事会成员可以无限期任职，甚至还听说有些卸任的董事会主席被允许在董事会内终身任职。这种管理协会的方式意在保持工作的延续性，但是这样的做法却会给协会管理带来麻烦。虽然就眼前来看，协会可能保持了更高的工作效率，但是却抑制了新想法、新观念的出现。试想一下，如果在董事会中引入那些愿意拥护改变的成员，协会会发生怎样的变化？如果不尝试改变，那么一直依靠固有经验生存下来的董事会会走向衰败，逐渐沦落为像老男孩俱乐部 ① 一样的社交组织。从长远来看，一成不变的协会董事会终将停滞不前并逐渐衰落。

综上所述，董事会是领导协会工作的重要组成部门，一个协会的良好运转通常要依仗董事会作用的发挥。但是对于有些协会来说，他们的董事会成员可能都不了解董事会的职能是什么，甚至不清楚谁是董事会的任职成员。一个没能履行自身职责义务的董事会就好比一个已经泄漏的大坝，最终会导致协会整体的"塌方"。在最开始，董事会的问题可能仅以一个微小错误的形式出现，它就像一次性过失一样很容易被大家搁置和遗忘。但实际上，它却是组织中更大、更深层问题的预兆。随着时间的推移，出现错误的频率不断增加，问题也变得更为严重。终于，董事会开始意识到了问题的存在，但是没过多久整个组织就开始衰败，甚至是走向了崩溃的边缘。由于董事会成员身居高位，因此他们在看待这个问题时可能会感到突然和陌生，他们会疑惑"我们的协会怎么就突然发现自己陷入了如此的深渊之中？"然而，答案就摆在那里。正是由于董事会没能正确理解他们的角色定位，没能专业地履行职责，才造成了如今问题的发生。而一个协会只有在董事会有效运转、发挥作用的前提下，才能维持自身的强大。

---

① 老男孩俱乐部在此为贬义，指一群认识时间很长、关系亲密的人在一起共事，意指董事会人员长时间没有调整变更，有任人唯亲的含义。——译者注

第四章　担任 CEO 岗位角色

　　一个有能力的领导者会把注意力放在出色地完成工作任务上，而非沽名钓誉。因此，无论何时你都应当让自己专注于任务的完成情况，而把名利交由他人来判断。这样做就能为你今后的事业发展自己的盟友和支持者，并且提升你未来成功的机会。

——约翰·沙尔巴（注册社团管理师），美国得

克萨斯州注册会计师协会执行董事兼 CEO

　　在现如今的协会管理行业中，几乎我认识的所有人都是碰巧加入协会工作队伍的。大多数人都是起始于职能部门岗位，而很少有人是专门学习研究协会管理领域或是做好了将来为协会工作的计划准备。比如，一个新闻专业的毕业生可能一开始从事的仅仅是协会杂志或网站的相关工作，而一些协会的 CEO 在转行进入协会管理领域之前具备的是其他行业领域的工作经验。从我的经验来看，许多就职于协会的管理工作者以前都是以游说者、律师、立法者或是立法助理的身份出现。而往往一些游说者和律师之所以会转战协会管理领域，是因为他们曾经以代理人的身份被协会聘用协助组织完成工作。

　　虽然，现在的一些大学为非营利组织管理方向设置了资质认证和专业学位，但是进入协会管理领域的途径并没有得到明显的发展。尽管这个国家的

每一个群体当中都存在着数量庞大的协会组织，但是协会职业生涯的可见度依然低迷。虽然我们能感受到协会行业正在不断发展壮大，但是我认为，这是由于协会行业还不为人广泛所知造成的，人们并不知道协会行业需要怎样的工作技能，许多人甚至还想当然地认为成为一名协会的领导者并没有那么困难。一些协会，尤其是在那些小规模的协会组织中，似乎不会考量协会管理者专业水平的高低，而导致这一现象的发生仅仅是因为协会会员和董事会并不清楚协会管理者到底是做什么的。

大多数人不可能认识了解到 CEO 岗位的方方面面，除非他们曾经承担过 CEO 工作。有一个拥有 30 名雇员的与健康行业相关的协会组织，他们的执行董事工作多年且面临退休。由于考虑到组织中的首席运营官（Chief Operating Officer，以下简称 COO）在十年工作过程中与这位执行董事建立了良好的合作关系，而且协会这些年的发展运营状况也十分顺畅，因此董事会选择让这名 COO 接替成为协会的新任 CEO。当时，每个人都十分赞同这个主意，毕竟这位 COO 曾经是一名很优秀的首席运营官而且对协会事务也非常了解。

但是，事情并没有进行得那么顺利。在接任新岗位的最初几周里，这名新任 CEO 就已经开始感到焦虑不安了。尽管他拥有关于协会工作的丰富经验，但是却并不了解 CEO 与 COO 的工作是如此的千差万别。他没有意识到同时兼顾员工需求和董事会期望会有多么的艰难，也不了解那些会影响他工作效率的行业会议安排会有多么的繁重。此外，他还要撰写讲话稿并且要面向不同群体发表演说，而这也令他感到新鲜而陌生。似乎每一个人都想约见他，与他共餐或商谈，而这让他几乎没有时间把注意力集中在眼下的工作任务上。作为一名 COO，他的大部分工作都是独立完成的，他无须面对来自董事会成员的需求，不用面对媒体，也不用面临来自协会当选领导有关召开会议的压力。但现在不同了，他成了协会的 CEO，他需要获得来自董事会成员的支持并且与他们建立合作关系，而所有这些都非常耗时并且压力巨大。在以前作为 COO 时，他总是能从 CEO 那里获得支持；而现在他成了 CEO，因此再也没有人能代替他来承担工作失误的后果了，他意识到自己突然成了协会所有事项的负责人。

在 CEO 的工作内容中，最令他感到吃惊的就是自己还需要与董事会主席建立合作关系，并且要打造出主席所期望的高水平团队协作。他从来没有想过自己要和董事会主席商谈如此之多的事项，而且光是这些任务就几乎已经达到全职工作量的水平了。此外，由于董事会主席算是这位新任 CEO 的领导，因此他还担心在与主席建立牢固合作关系的过程中，如何把控好最佳界限，以至于不让他们之间的关系太过于亲密。

由于这位新任 CEO 在以前运营主管的岗位上已经工作了 10 年，因此他认为这样的角色过渡应当是十分顺畅的。但是实际情况却并非如此，作为新任 CEO 他还有太多的工作技能需要去学习去掌握。其中的一项就是与董事会共同商定协会的未来规划，判断协会发展是否需要完善调整，或是继续维持现状。从 COO 向 CEO 的过渡大大地超出了他的意料，而且这种转换很可能以失败而告终。但幸运的是，他开始向前任 CEO 讨教，去学习如何调整状态来适应自己的新岗位，去获取新岗位所需要的工作技能。毋庸多言，在这种情况下，协会的前任 CEO 又开始重新获得了尊重。

CEO 的工作内容会随着协会员工的数量规模差异而呈现不同变化。但归根结底，你依然是协会的中流砥柱，你要为董事会、员工以及会员提供途径和平台来推动协会向前发展。你要有一定的远见，成为组织的代言人，充当工作团队的领导、工作关系的桥梁和鼓舞士气的啦啦队长。在多数情况下，尤其是在那些人员规模较小的协会组织中，你还要身兼数职，承担许多具体工作，为协会事业奔波忙碌。

要知道协会的主管可能会有许多头衔，比如执行董事、执行副总裁、总裁或 CEO，这些称谓基本上是可以相互替换的。叫法之所以不同，可能与使用这些名称的惯例有关，或是与一些特殊协会的偏好有关。许多年以前，人们称呼协会雇用的主要职员为干事，但是随着会员制组织和一些相似的专业性团体不断完善与壮大，他们也开始学着借鉴企业组织中的相关术语来表述领导岗位。其实，关于称谓并没有什么对错之分，但是协会组织一般都会在称谓方面有着自己的倾向性。一般来讲，在一些大型协会组织中，他们更喜欢称呼位于主管位置的管理者为 CEO。就我个人来讲，我会将执行董事、CEO 以及总裁等这些术语相互替换着使用。

　　协会中志愿领导的称谓会随着协会组织的不同而呈现多样化。他们通常被称为董事会主席或总裁。如果将这些志愿领导称作总裁的话，那么组织中的首席主管人员就不可能使用相同的称呼了。比如，我是得克萨斯州社团管理者协会的总裁兼 CEO，那么当选的志愿领导则只能被称为董事会主席。

CEO 的岗位角色

　　无论你的称谓是执行董事、CEO 还是总裁，没有人会说这是一份轻松、容易的工作，因为每一个协会的首席管理岗位所涉及的工作内容都十分复杂。每一年，你都将面临一个全新的领导——董事会主席；虽然这个确切的事实已经让你在处理工作时非常吃力了，但是你还要负责许多其他的事项，比如：你要与协会员工、董事和领导层共事并协调相关工作，还要处理其他有关财务、战略计划、领导力发展等一系列工作，而且有时要完成这些工作还会受到人员和资金方面的限制。雇员数量越少，可能需要你亲力亲为的事情就越多，或是需要你对承担工作任务的非雇员开展更多的监管工作。

　　协会的领导工作集合了一套独特的岗位素质要求。作为协会的执行管理者，你必须是个科技通，并且能了解和管理协会的财务和运营情况。如果你以前不曾在协会所代表的行业领域中工作过，那么你需要去掌握该行业目前存在的问题，并且去了解协会会员所从事的工作内容。事实上，协会 CEO 岗位工作的核心其实就是"人的工作"。像德能兼备、团结协作等这些软实力既能成就一名 CEO 也能摧毁一名 CEO。一名优秀的 CEO 应当具备倾听和谈判能力，知道如何鼓舞他人，能从战略眼光进行思考并且做人不追名逐利；并且在设置培训课程、同热情的志愿人员共事的过程中，具备一定的工作技巧，具备对政策的准确把握以及正直诚信的工作态度。CEO 岗位对技术的要求和知识的储备可以通过多种途径获得，如果你无法做到在工作中亲力亲为、以服务对象为中心并且德能兼备的话，那么将预示着协会灾难的来临。

尽管协会与协会之间在组织规模、发展理念和机构文化方面各不相同，但是在 CEO 岗位职责方面却都有着相似之处。这些职责包括：人员配备、财务监管、组织治理和战略规划、与董事会密切合作、了解会员需求、打造协会参与度、适应变化、了解协会发展阶段以及协会整体管理职责等。这里的每一项职责都是在知识与能力的基础上来影响协会发展的。下面，让我们来依次了解一下这些岗位职责。

- **人员配备**。CEO 受雇于协会董事会，并且董事会有权聘任和解聘 CEO。因此，你的职责就是协助董事会对组织进行管理并完成组织预定的目标。CEO 要负责所有事务的运营工作，包括人员的雇用、培训和解聘。除了 CEO 之外，董事会不得干涉协会人员的雇用工作。

- **财务监管**。CEO 要监督工作进展和预算情况，协助完成预算筹备工作并且要对财务监管工作负责。另外，还有一点对于 CEO 非常重要，就是要明白协会应当将自身的运营情况透明化，即：内容公开、可问责并且可以为会员和公众提供相关信息。

- **组织治理和战略规划**。作为 CEO 必须要了解协会的治理结构，这是一项非常艰巨的任务。这其中涉及组织的规章制度、董事会和委员会构成、提名与决策程序以及协会战略计划（其中包含了结合协会的战略规划而制定的短期和长期计划）。所有这些元素组成了协会的治理结构。

- **与董事会密切合作**。CEO 的主要工作就是与董事会共事，因此你必须是一位以董事会为中心的执行官。你要明白董事会的工作是非常关键的，与董事会主席建立良好的合作关系是至关重要的。协会员工将通过你接收来自董事会的信息，因此不要向员工抱怨董事会，不要让自己陷入这种状态当中。同样的，协会董事会也不应当沦为老男孩俱乐部。你应当在经过深思熟虑的基础上制定发展有关政策，在服务领导力开发和董事会提名程序方面建立一套适合的工作流程。你要了解协会领导层是如何被选举出来的，要知道如何去监管他们工作的有效性，并且确认自己是否选拔出了那个最具资格的人来为董事会效力。

- **了解会员需求。**CEO 需要对协会所代表的行业和领域有所了解。如果你以前不曾受雇于会员制组织的话，那么在你接手这份工作的最初几周内应当走出办公室，去拜访董事会成员，去观察他们的工作、去倾听他们与员工的交谈。我建议你可以召集所有已经卸任的董事会志愿主席，向他们介绍你自己并收集他们有关协会的反馈信息。在最开始，这些卸任主席可能会感到十分荣幸，因为你代表协会又重新与他们建立了接触和联系，并且意识到了他们存在的重要性。在这之后，他们就会开始表达自己的意见和主张并观察你的工作情况。毕竟，他们带领协会发展了这么多年，因此他们想要确认协会组织是否还在继续前行。对你来说，花一些时间对董事会成员进行调研将会物超所值，因此请尽可能地经常与他们保持这种联系。在调研过后，你可能就会对他们在行业工作中的痛点、担忧有所了解，并且知道协会应当如何去帮助他们。有许多 CEO 会将大量时间投入到出席行业会议上，而且这种在行业聚会上的亮相也十分重要。但要谨记于心的是，你不是来抢这些志愿领导风头的，这是他们的行业和领域，他们才是真正的专家。因此，在这里请摒弃你的自负，以谦卑的姿态向他们求教："协会应当怎样做才能达到最佳效果？""是什么让一个资深会员如此坚定地忠诚于协会？""又有什么能吸引新会员的加入？"

- **打造协会参与度。**协会参与度的打造是 CEO 职责的另一个领域。在这方面，你需要首先审查有关协会参与度的统计资料，一旦发现协会需要在这一方面做出调整，那么下一步就要开始发挥你的工作创新能力了。你需要了解清楚是否有大量的会员参与到协会的工作或活动中来。例如，会员是否出席协会活动？志愿管理者是否为协会发声或是在执委会任职？协会是否做过调查来评估会员的满意度？搞明白这些数据信息和交互沟通情况将有助于你了解会员参与协会活动的状态以及他们在浏览协会网站、获取在线出版物和获得社会媒体资源等方面的情况。这些基于会员或非会员参与情况所形成的信息将有助于你对协会的会员价值和会员参与度做出判断。

- **适应变化**。CEO 需要有较好的应变能力。近十年，当今世界在科技发展、志愿奉献时间、社会竞争以及世代差异等诸多方面都发生了翻天覆地的变化。因此，人们期待当今的 CEO 必须具备灵活的头脑和革新的素质，并且能够以开放态度对待变化。你需要随时掌握外部环境中的影响因素，然后在此基础上保持协会工作和会员需求的相关性。

- **了解协会发展阶段**。协会组织趋向于以循环的方式不断发展前进。在最初阶段，协会是全新的且还未成熟的。协会配备了相应的规章制度，但在构成组织治理结构的其他要素方面还不够完善；之后，协会进入了发展阶段，在这一时期协会开始进行会员招募、项目开展和政策制定等一系列工作；最后，协会进入成熟发展阶段，在这一时期协会具备稳定的财政、拥有专业化的员工、遵循合理的政策和健全的管理制度，并且保持着一定数量的会员和项目。在这之后，协会将通过自我评估的过程继续得到发展，然后持续不断地校正组织与会员之间的相关程度。掌握协会的发展阶段将有助于你理解协会发展和革新的过程。

- **协会整体管理职责**。CEO 既不是协会的掌控者也不是主导推动议事日程的人。要记住，这不是你一个人的协会，而是属于会员的组织。尤其在你还是一名 CEO 新手的情况下，如果你一旦在推动工作过程中用力过猛的话，那么将会导致不良的后果。因此，你必须学会掌握好耐心稳固发展和坚持改变创新这两者之间的平衡。要想达到这一目标，你需要制定缜密的战略规划，并且要与董事会建立合作对话机制。尽管如此，由于当今世界的发展太过迅猛，CEO 还是会因为管理协会的方式过于传统而遭受到质疑。虽然在现如今的协会管理领域中，已经出现了有关实施组织运营新想法新方式的讨论，但是由于年轻一代对协会怀抱着不同的愿景，因此你还将面临更多变化所带来的挑战。在过去的几年中，许多协会已经开始尝试创新管理方式，比如：考虑缩小董事会规模、让年轻群体在协会中实现价值、将委员会转变成为工作小组、放权于CEO、摒弃那些遗留下来却没有实际效果的工作项目（这通常被人们视为避而不谈的话题）以及解决大量面临退休的管理者等。有关这些问题，在《突破传统——社团的五项根本性变革》《迈向成功——建设竞争性社团的五大策略》（Road to Relevance—5 Strategies for Competitive Associations）以及其他由美国社团管理者协会出版的书目中都进行了阐述。

我常常从一些新任CEO那里听说，他们所属协会的任务目标和优先事项并不清晰明确。这些CEO没能从董事会那里获取有关协会优先事项的明确指示，而且在这些CEO任职的最初几个月里，他们也不曾就自己希望完成的工作事项与董事会进行过讨论。

有一位新任执行董事在一个规模中等、运转良好的协会组织中任职，这是他第一次以CEO的身份开展工作。于是，他在就任后的最初几个月里就开始对协会进行了大幅度的调整，而且他在做这些调整时并没有与董事会主席、董事会以及员工进行过商讨。他削减了员工健康福利、取消了员工会议、在没有董事会成员介入的情况下制定了议事日程、确定了立法决策、缩减了大量工作委员会并且确定了庞大的财务支出，而这些调整全部是基于他在竞聘初试期间对协会情况所进行的推断而决定的。在他看来，毕竟协会聘用他来担任CEO是为了领导这一组织的，因此他认为自己有权对协会的工作做出调整。

这名雄心勃勃却想法天真的CEO并未理解协会领导层和特殊专业性协会的组织文化中所蕴含的默认合伙关系。在这种合作关系中，协会的领导层期望自己能够参与所有事项的讨论。尽管这位CEO是协会的首席雇员，但是他从未真正理解协会的领导层应当如何开展工作，并且他也没有请求董事会对协会事务的优先等级进行明确。他的问题并不在于缺乏倾听，而是没有为了聆听答案而提出问题。这些都源于他自身对协会组织文化的不了解，他带着自己那套对工作的理解和安排向前跃进。最终，他任职不足 6 个月就被解雇了。

CEO 的特质与技能

要想成为一名成功的协会 CEO，拥有重要特质和关键技能是十分必要的。这其中包括有关技术方面的能力，它需要你具备一系列特别的知识储备和理解能力；此外，还有一些更难界定的其他能力，它们被统一归类为行为方面的能力。这两类能力对于 CEO 来说都同等重要。对于许多协会 CEO 来说，这份工作不论是在技术方面还是在行为方面都是非常丰富多样的，这也是他们满足感的来源。对于其中一些 CEO 来说，他们每天要面临和处理的工作任务是千差万别的，因此每一天都是全新的不同的。而对于其他一部分 CEO 来说，他们则认为这份工作中的人际合作部分很有意义。在他们看来，与协会成员一道努力工作创造非凡成就是一件非常令人欣喜的事情。

下面，列举了要成为一名成功的协会 CEO 所需要具备的技能。你可以考虑把这些条目作为协会 CEO 岗位描述的一部分。

技能方面

- 协会管理方面的知识；
- 董事会及志愿工作者管理方面的知识；
- 制定发展和遵循董事会政策；
- 财务、预算以及商业管理能力；
- 项目和时间管理能力；
- 写作和演讲表达能力；
- 数据管理和制定测量标准能力；
- 议会程序方面的知识；
- 市场营销、社会媒体以及信息沟通方面的能力；

- 分析、管理技术需求以及对未来技术的规划能力；
- 在适用条件下的立法和监管方面的知识。

行为方面

- 领导力和引导力；
- 客户服务意识、公仆意识、不以自我为中心；
- 有远见、有战略性思考、能够进行批判性评价、有创新意识；
- 谈判技巧和建立共识；
- 制定决策；
- 全球化视角；
- 道德品格；
- 关系管理；
- 适应能力；
- 承担风险评估；
- 人力资源管理知识、绩效管理、面试技巧；
- 发展组织文化；
- 自我意识和自信；
- 恢复力（抗击打能力）；
- 鼓舞他人的能力／吸引志愿人员参与的能力。

软　实　力

如果你是刚刚开始接触协会管理的话，那么你要知道这其中有一些能力很难去定义，但是它们又不可或缺。它们是体现在董事会政治权谋、董事会沟通交流、组织治理、协会市场定位以及志愿人员管理等诸多方面的一种理解和驾驭能力。虽然有时人们将它们称之为"软实力"，但是每一位CEO要想具备这些能力并非易事。

- **政治谋略**。作为一名新任 CEO，你不光要知道如何筹备召开董事会会议，并且还要清楚参与会议商谈的各方都是谁？这之中谁是你的支持者？哪些商谈内容属于敏感问题？人们遵从谁的意见建议？协会董事会是如何将任务完成的？也许让你记住这些问题的答案并不完全合乎情理，但是如果不了解董事会的幕后情况则会导致你的努力偏离方向。

- **董事会沟通交流**。作为一名 CEO，你的职责是确保向会员及其他感兴趣的团体共享董事会的工作情况。相反的，你的另一项工作职责是随时向董事会报告协会的问题、困难以及在董事会会议间隔期工作的开展情况。有些董事会成员常常抱怨，不论某些消息或好或坏，自己总是被隔离在外而无法获取这些信息。因此，你要常常与董事会进行沟通，因为他们才是需要首先得知消息情况的人。此外，办会会员也会向董事会提出要求获取这些信息，因此董事会成员需要随时掌握协会的最新动向。

- **确保协会的良好治理**。你会发现对协会开展有效的治理情况审查是必不可少的。你应当重新回顾组织的规章制度，了解掌握协会的提名程序、董事会培训机制、政策制度、战略规划以及所有法律法规性文件〔其中包括组织章程和美国《国内税收法》501（c）条中所列举的不同类型组织的免税待遇〕。

- **掌握组织的市场定位**。你需要明确掌握协会目前的定位状况以及在未来发展中的定位目标，并且要知道协会的信息将以怎样的方式向董事会、会员以及公众传递。你需要审查协会市场营销的方方面面，包括协会的网站、会刊以及它的社交媒体策略；确定协会是否因为所传递出的信息而受到公众、立法者以及媒体的关注。你要像商品制造商推销自己的产品那样，将协会推销给会员以及潜在的会员群体。

- **志愿人员管理**。你应当将项目活动小组、焦点小组、委员会以及董事会等工作团队的岗位角色和任务职责表述清楚，这样志愿人员才能毫不费力地一起共事。此外，你还要将那些可能需要你督促跟进的职责任务告知志愿员工，以确保在限期内完成该做的工作。要记住，这些志愿员工是在完成本职工作的基础上奉献出自己的时间来服务协会工作的，因此当有些工作没有完成时，你要掌握好鼓励与批评之间的界限。如果在所有措施都采取的情况下还是无法按时完成任务，那么则需要你亲自介入来完成这些工作。

我曾经投入了大量的时间向新任CEO施以援手，因此我能够很快判断出他们是否仅仅因为不适合而无法胜任协会管理工作。这种情况非常的糟糕，他们总是会感到十分沮丧，并且无法理解这份工作所需要处理的每一件事项为什么都如此难以解决。他们当中的一些失败者会指责组织的领导层；一些人期望获得更多认可；还有一部分人不了解自己应该在什么时间以何种方式开始对协会做出调整；最后一部分人则在没有其他成员参与的情况下，自顾自地带领协会向前冲。

有些CEO的失败并非由于他们自身的原因。因为面临着多种多样的困难，这些CEO在任职之后苦苦挣扎着，他们没能得到董事会的支持，对于要开展的工作没能获得指导和方向，并且他们在处理员工事宜方面也没有任何经验。当然，如果在缺乏协会管理培训背景的情况下入职，他们是无法为董事会提供引导和建议的。这样的CEO可能需要一年或更多的时间才能真正理解协会管理方方面面的细微之处，然而董事会可能对于CEO慢慢学习的过程并没有什么耐心。所以在这种情况下，这些CEO在管理岗位上一般任职都不会超过一年。

一名优秀的 CEO 会如何行动？

在2011年，奥尔康协会管理咨询机构（Alcorn Associates Management Consulting）负责人——谢莉·奥尔康（注册社团管理师）通过电话采访了超过200名来自501（c）（3）和501（c）（6）类型协会组织的执行管理者，采访内容为有关协会就业情况的问题。[她采用的调查方法是来自凯斯西储大学（Case Western University）的大卫·库珀里德及其同事所倡导的肯定式探询法］。通过这些调查结果，她总结出了有关 CEO 的 5 个人格特质。

1. 他们是有行动导向的并且喜欢快速出击，尤其是在有立法议事日程的情况下。

2. 他们的工作具有条理性，建立了清晰的战略优先事项以及明确的财政目标。此外，他们专注于工作。

3. 他们以关系来作为推动，经常性地与会员保持联系，并且通过培养协会未来领导者的方式来展现他们对行业领域的热情。

4. 他们具备发展和战略的眼光，在工作时富于变化，勇于探索未来发展趋势，并且拥护创新与全球化。

5. 他们热心帮助他人，通过提供培训课程、协助会员处理危机、进行宣传寻求共鸣、提供职业发展道路、打造发展坚实基础等方式来提供帮助。

所有这些个人特质在服务协会工作方面非常有益，并且我们当中的一些人或多或少都会拥有其中的一两个特质。但是需要明确的是，并不存在某种独立属于 CEO 的个人特质类型。这对我们来说是个好消息，毕竟我们每个人都是带着自己独特的个性来到协会的。因此，重要的是你要让自己的优势特质与协会需要你具备的素质和需要你必须发挥的作用相匹配，并且找到适当方式来弥补你天生所欠缺的个性特质。

你要明确自己到底要成为哪种类型的 CEO：是一名具有 A 型性格的领导？还是一名批判性思考者？是要成为一名组织管理的天才？还是一名圣洁的和平使者？哪怕你拥有的是极度的忍耐力，对于协会的工作来说也无妨。但是说真的，无论你的个性特质和技能是什么，真正重要的是你要明白自己必须在年复一年的工作中以不同的方式来发挥运用你的能力。每一年你都会与一名不同的董事会主席共事，你需要在根据主席自身优势和弱点的基础上，适应性地提供协会成功发展所需要的一切。例如，有些志愿领导不善于撰写稿件以及在公共场合进行演讲，因此在协会需要他们面向立法者、管理机构和媒体发表演说时，或是需要他们在出席协会分部和会员活动进行大量公开演讲时，你可以选择雇用演讲指导对他进行培训，或是通过提供语义清晰的演讲稿的方式协助他完成演讲，此外你还可以选择与主席一同出席活动并在演讲过程中给予必要帮助。在稿件撰写方面，我在很长一段时间里都是作为拟稿人来帮助主席撰写活动讲话稿和协会月报信息。在这一点上，你要尽你所能地帮助他们。

到目前为止，你可以思考一下自己的工作表现以及自身的优势缺点，判断自己在完成工作进度方面是否需要外界援助。你要明确自身的学习需求，并且知道自己可以从何处获取这些学习内容。有时候，也许一位导师、一位会员或是一名协会顾问就能够帮助到你。比如，我在进入害虫防治协会的时候几乎对游说工作没有任何了解，但是协会聘用的说客在工作中帮扶着我，在他的指导下我学会了许多。

如果你以前没有担任过 CEO 的话，那么在思考自己的管理风格和工作表现时，别忘了考虑一下你需要如何调整自己的工作状态和管理方式。当你就任 CEO 时会发现，接管和继续完成以前那些得心应手的工作是十分容易的。但实际上对你来说非常重要的是，要学会抛开自己的拿手项目和那些容易应对的工作内容。例如，美国昆虫学会（Entomological Society of America）的执行董事大卫·甘默尔（注册社团管理师）在其任职时就具备了深厚的网站设计及技术功底。他被这一领域的工作深深吸引，以至于在他就任 CEO 之后的每一天还在研究协会的网站工作。但是，后来他意识到协会已经配备了得力的员工来完成网站的设计工作，因此自己便继而转向网站的审核工作。他明白，让这些员工负责完成具体工作是正确的选择，这样可以让自己能够更加集中精力面对那些自己陌生的工作领域和对协会具有重要战略意义的工作事项。

发展和维护工作关系对于保有职位和享受工作是十分重要的。你会发现 CEO 的工作就是和那些世界上最成功的、最具有聪明才智的、最善良的和最全情工作的人们一起共事。每时每刻你都要提醒自己，与你并肩作战的这些人在他们的行业领域中奉献了自己的时间和智慧创造了非凡成就，而且还是志愿来服务协会工作的。尤其是董事会主席，他们在任期内常常是牺牲了自己大量的时间和精力来完成协会工作。要知道，CEO 的工作能够获得薪水，但志愿工作却没有任何报酬。因此，我非常有幸能在任职期间从 23 位协会主席那里学到一些知识，并且在他们的任期内尽可能地从他们身上获取作为组织领导者所需要掌握的内容。

在任职的第一年里，CEO 岗位的工作量可能会让你感到手足无措。如果你还是一位协会管理领域的新手，那么你会渐渐发现，CEO 在工作时间上的变化取决于董事会成员的空闲时间。例如，有些协会的董事会会议在周末举行，因为成员们在周末不必忙于他们自己的本职工作；而有些协会会选择把行政电话会议安排在早间或晚间。如果你所属的协会组织也是这样安排的话，那么你要清楚，在自己需要对会议情况进行熟悉和准备的前提下，这样的时间安排会给你带来怎样的影响。你是否需要提早离开办公室进行锻炼和就餐，然后找一个安静的地方参加晚间电话会议；或者，你需要早早起床，然后在正常办公开始之前就抵达办公室准备开会。要想找到一个对你和协会来说都最为合适的时间安排可能需要耗费几周或是几个月的时间。

同样地，出差参加工作会议、活动会议以及协会分部会议也都是 CEO 工作的一部分，而且频繁出差的工作压力也不容小觑。因此，你要在繁忙事务中找到一种能够承受的工作节奏让自身得到恢复。我最不想看到的情况就是，你为工作每天劳累很长时间，需要学习和介入的一切事项都让你太过辛苦，最终病倒在医院里。要知道，过劳情况的发生频率要比你自己预想的多很多。

要懂得在协会会员时间合适的情况下安排会议。有些教育领域的协会组织喜欢把他们的大会安排在会员离校的长假期间，而这可能需要些时日才能让参会人员适应这种安排。例如，有个协会将年会开幕时间定为感恩节的第二天，会员们明白如果参加会议，那么自己将无法与家人共度感恩节时光了，因为年会的时间安排导致他们在感恩节当天就要启程前往会议举办地。

这里有个关于妥善利用协会成员社交活动的建议：在会议结束后，许多董事会成员都喜欢聚在宾馆酒吧或是董事会主席的套间里畅聊。对于你来说，这是一个接近了解董事会成员和深入探讨问题的好机会。如果你不能喝酒也没有关系，不用太当回事，哪怕你仅仅点一杯苏打或软饮同成员们聊聊天也不错。如果你可以喝酒，那么你要注意限制自己的酒精摄入量，即便成员们都喝多了你也要保持头脑清醒。需要提醒你的是：要时刻谨记这些董事会成员都是你的领导，你当然要与他们建立良好的伙伴关系但是注意不要过界，不要让你们的关系变得太过随意和放松，要记住时刻保持你的专业性。

还有一点需要注意的是，不要忘记提醒你的员工注意他们在协会活动中的行为表现。例如，如果随餐提供酒水，他们是否可以饮酒？他们是否可以和董事会成员一起去酒吧放松娱乐？在这方面，我所收到过的最佳建议之一就是来自得克萨斯州医学会（Texas Medical Association）CEO 卢·古德曼的建议。他给自己定了一条规矩，就是无论参加任何行业活动都只饮一杯酒，并且在晚上 11 点之前必须就寝。正是因为他要负责很多事项，而且他清楚自己需要保持自身的全部实力来处理和解决活动当夜或第二天可能发生的紧急状况，因此他的工作就是要保持良好的状态和清醒的头脑。

以 CEO 身份开始新工作

恭喜你成为 CEO 队伍中的新成员！这时，你已经具备了工作技能和行为技能，拥有了可以与协会组织完美融合的个性特质以及立志为组织服务的雄心壮志。那么，为了以后能将 CEO 工作推向成功，还有哪些方面是你需要了解的呢？

多年来，我致力于为协会的新任 CEO 列举多方面的实用技巧。这些小贴士可能并不全都适用于你的情况，但是在这里，我以非特定排列顺序的方式将这些点滴智慧提供给你：

- 积极主动地聆听十分关键，尤其是在你任职的前 6 个月。记住要少说多听。
- 要与你所属协会的对口领导——董事会主席建立信任。你可以花一些时间与他共处，可以通过一起用餐、聊聊家事和兴趣爱好，或是一起锻炼打球等方式培养对彼此的信任。你要让董事会主席能够随时联系到你，并且能快速反馈他所需要的信息。

- 要把令人出其不意的情况降到最低。如果坏消息来临的话，请立刻告知董事会，不要让董事会从第三方获取这一信息。

- 如果你需要外界的帮助，前任董事会主席是你寻求智慧源泉的最佳选择。

- 随时做到有备无患，不要让意外情况把你打个措手不及。下一个问题就在眼前，因此你要持续不断地检查外部环境，并且在内部管理尤其是董事会权谋方面要特别注意。

- 优先处理你所面临的工作与挑战。

- 工作中要富于灵活和变化。

- 在 CEO 的工作中，你不能过于自负，它并不是优点。要记得谦卑行事，傲慢自大会让董事会和组织成员对你感到厌恶；相反，他们希望能够拥有一位值得他们欣赏的、行事慷慨、态度谦逊的 CEO。

- 要给予协会领导关心和尊重，并且抓住一切机会关照他们。例如，在组织会议活动时，要确保为董事会主席提供套间升级待遇（将这些内容作为你与宾馆商谈住宿条件的一部分）。

破产重整管理协会（Turnaround Management Association，TMA）的 CEO 格雷格·法恩（注册社团管理师）提到，当身处 CEO 岗位时会有一种孤独感以自己从未料想过的方式袭来，在谈及这些情况时他提供了一些有关自我验证的建议。在他担任自己第一个执行董事的角色时，就已经对制定艰难决策做好了心理准备，并且清楚地知道不能进行自我怀疑。当时，他拥有一个由其他协会组织执行管理者所组成的优质智囊团，这些人能够并且愿意提供自己的真知灼见。但是令这位 CEO 没有想到的是，虽然有这些同行们的帮持，但还是会感到那种成功路上的孤独感，他意识到自己的成功与否不能依赖于他人的评判。

在任职最初的几个月里，法恩就已经为协会解决了存在多年的问题。在问题解决方案得到董事会批准通过的那一刻，他感到欣喜若狂。同样是在那次会议上，董事会决定将他的任职头衔从执行董事调整为 CEO（首席执行官），这对于他来说是个人职业生涯的辉煌时刻。在当天晚上，他开始反思白天所发生的一切。然后，他发现虽然亲近的朋友和家人都为自己感到开心，但是自己却不能随随便便向任何人表现出自鸣得意，也绝对不能向协会员工吹嘘自己所取得的成绩。但要在以前，他可以和自己最棒的支持者——协会 CEO 共同庆祝他们事业的成功。就在那时，身居高位所意味的现实情况在他脑海中涌现。坐上了 CEO 这把交椅，你就是自己的拥护者和鼓励者，在享受了大大小小的成功经历之后，你还要准备继续前行。不要沉迷于过去的荣誉，也不要期盼他人来评判你的成就。

要记住，领导工作意味着你知道自己可能会犯错，并且能够在自身出现问题时承认错误。在大卫·甘默尔（注册社团管理师）成为美国昆虫学会的执行董事之前，这个学会正在探索一种可能性，即把学会自己的会议与其他同类型的竞争性会议一并兼容。但是，由于甘默尔从这一项目的初步报告中看不到太大希望，因此他在一开始否定了会议兼并行动的可能性，并且认为这样的操作可能对学会起不了什么作用。然而，当他开始逐渐着手调研并且在搜集了大量情况消息之后，他终于改变了自己的看法。他承认，自己在一开始并没有对兼并情况进行足够的挖掘，自己也不应该匆忙否定这一想法的价值。从目前情况来看，学会的会议兼并项目取得了成功，而且甘默尔也对大家做出了提醒：要小心审视协会所面临的任何选择和决断，并且能够主动承认自己判断上的失误。

在任职 CEO 期间，你的忍耐底线可能也会在某一时刻遭受到挑战。美国社团管理者协会资深会员、Neoterica 战略领导力咨询公司（Neoterica Partners）总裁，曾经任职于多家协会的 CEO——凯瑞·斯塔克波尔（注册社团管理师）就讲述了这样一个例子：有位来自同行协会的 CEO，在他所属协会的董事会班子里有一位好管闲事的成员，这个人将自己的全部精力都投入到了协会事务中。在过去半年的时间里，这位董事会成员给 CEO 发送了850 封邮件，但是所讨论的内容却常常是一些无关紧要的问题。最后，当大家开始讨论董事会任职事项时，这位 CEO 向主席表示，自己宁愿放弃工作也不愿意与这样的成员合作。如果这位成员晋升到执行管理岗位的话，那么他将请辞不再担任协会的 CEO，因为他知道自己无法管理这种存在极端行为的志愿成员。

在你担任 CEO 的职业生涯中可能会面临这样一种矛盾的情况，那就是你必须在支持董事会和反对董事会工作之间做出自己的决断。在进行抉择时，你可能会面临不少的挑战，它们包括：董事会中存在的不道德或非法行为、拙劣的领导技巧以及糟糕或有失公允的决策制定等。协会需要一位强有力的领导者来处理这些问题，并且你要清楚当你面临这些矛盾冲突时，就意味着协会工作已经处于紧要关头了。这时，你要做好决断，选择好为何而战。

了解你即将进入的领域

有些协会的 CEO 会在一个组织中工作很多年头，有的甚至一待就是几十年。对于协会来讲，拥有这种长年积累的领导力确实能为组织管理带来许多益处，但是同时也会带来一定的挑战。首先遇到的一个问题就是，当协会日积月累的领导力受到更换调整时，董事会成员可能在一时间很难适应和接受新任 CEO 的新想法、新理念。尽管他们原有的工作方式已经落伍和过时，但是他们仍然拒绝创新和改变，这正是由于他们在过去的工作中过于习惯和依赖前任 CEO 的工作方式所导致的。

作为一名新任 CEO，无论你是从其他领域转行进入这个岗位还是从协会基层提拔而来，你都应当清楚自己即将迈入的领域。某些协会可能对于变化这一概念还并不是很了解，而在这样的组织文化背景下开展协会管理工作也会难上加难。有的董事会也许并未意识到自己所属的协会到底有多么的落伍，兴许他们还会对目前的组织状况感到相当满意；相比之下，其他一些协会的董事会则已经做好了迎接改变的准备。无论你所属的协会处于何种境地，你都要清楚地知道组织目前的发展方向是什么，而且这一发展方向需要经过董事会的完全同意。但是非常遗憾的是，许多协会董事根本不会投入时间在评估协会目前发展走向上，他们仅仅满足于将空缺的CEO岗位填满而已。这时，可能就需要你来作为推动因素，开启协会对变化问题的探讨。

想象一下，你第一次迈入协会CEO岗位角色时的场景。如果招聘委员会的成员没有对协会未来需求进行完整评估的话，那么他们可能并不清楚自己招聘的对象到底应具备怎样的素质和条件。如果他们雇用了一位和前任CEO行事风格相反的执行管理者，那么过不了几个月他们就会为自己的行为而感到后悔。因为当他们发现自己确实不希望发生任何改变时已经为时已晚，而由此他们可能会对这位新任CEO表现出厌烦情绪。如果你和协会前任CEO有所不同的话，那么你可能会在几个月之内就被解雇掉。

相反地，如果招聘委员会没有投入时间和精力来明确他们的聘任对象，那么他们雇用你的理由可能是因为你和前任CEO十分相像。但是，一旦他们发现你做事的方式和内容与前任CEO有所不同，他们就会转变对你的态度。

作为一名新任CEO，你更希望经历怎样的就职体验呢？下面列举了9类以往新任CEO的就职经验。其中，有些CEO在任职时对协会管理领域一无所知，有些CEO则是从协会内部提拔起来的，有些受人爱戴的CEO遭遇了被不幸替换的境遇，有些CEO则是在匆忙之中被罢免替换。在你阅读每一个案例时，请思考一下你将如何应对和处理这些问题和挑战。

情况一：你已经是行业成员了。

在情况一中，你在任职CEO时就已经是协会或行业中的一名成员了。例如：你是一名领导管理着牙科协会的牙医，或者是一名负责管理州级教练协会的高中足球教练员。你所在的协会组织正是因为你拥有了本领域的专业知识才选择聘任了你。在这样的任职状况下，请你思考以下几个问题：在以前身为协会会员时和现在作为协会CEO时，你自己的长处和缺点分别是什么？这些优势和劣势对于协会来说又意味着什么？鉴于你这些独特的优缺点，当你在处理会员、董事会和员工事务时，大家对你的期待又会以怎样的方式表现出来？

你的行业从业经验为协会带来了一定水平的专业技能和知识，这些能力在探讨应对行业问题上会显得非常难能可贵。但是对于 CEO 岗位来说，还有大量远超专业技术知识的内容需要你去掌握。即便你曾经做过协会的最高执行管理者，但是要掌握好协会运营管理中的要点特性，你仍然需要进行额外的培训和学习。

绝对不要浪费时间，现在对你来说最紧要的事情就是尽快去学习掌握协会管理知识，加入州级和国家级社团管理者协会，并且参加为协会 CEO 开设的培训课程。你可以请求州级或国家级社团管理者协会帮助你与其他同等规模协会的 CEO 建立联系。对你来说，能够拥有一个由同行业者组成的团队是极其宝贵的财富，你可以和同行业中其他地方社团的执行管理者进行沟通交流。例如，你任职于某个英才协会（Gifted and Talented Association），那么在其他州级英才协会组织中也同样存在 CEO 这一岗位角色。你可以请这些同行管理专家进行案例共享，并且在你不熟悉的领域中请他们给予帮助和指导。

对于一名以前是行业会员的新任 CEO 来说，最糟糕的事情莫过于大家仅仅因为你来自行业内，就默认你已经知道如何运营管理一家支持代表本行业领域的协会组织。而且，他们不会给你太多时间来学习掌握管理诀窍，因为在你任职的那一刻，大家对你的期待就已经很高了。

行业会员成为新任 CEO 的另一个复杂之处在于，当你担任 CEO 时很难再将其他身份角色带入工作，但是自己以前的同事却没能把你当成一位新任领导来看待。在他们看来，以你们以往的交情他们可以在协会事项中获得额外权利；并且当出现矛盾冲突时，他们会认为你很有可能偏向自己人并去否定任何对他们不利的政策和决议。

情况二：对于行业领域和协会管理领域来说，你都是个完完全全的新手。

在情况二中，你不曾作为某一行业领域的协会会员出现，也并不具备任何协会管理工作经验。由于协会管理和行业专业知识对你来说都很陌生，因此你必须尽快弥补这里存在的信誉鸿沟。建立行业内的信任是你的首要任务，因为一旦缺少来自董事会和协会员工的信任，你在工作中将起不到任何作用。但是从另外一个角度来说，董事会和员工也理解你需要一定的时间来拓展自己的工作技能，他们期待看到你的进步。因此，通过快速的学习与掌握，你能够俘获他们的青睐与忠心。此外，在就任 CEO 的最初几个月里，你应当做到少说多听。这段时间是你进行信息收集的时期。

时间管理对于每一位新手来说都是个问题。在 CEO 的工作中往往存在着两股对抗的力量，它们分别是协会事宜和董事会事宜。你应当在协调内部管理事宜（学习协会的管理方法论，适应组织文化和掌握员工定位）与外部沟通事宜（与你的关键支持者尤其是董事会建立接触和联系）之间的时间配给上做出快速决断。要记住，在开展工作时无论什么情况都比不上面对面的交谈来得更为有效。因此，你在任职的头两个月里，应当花些时间去董事会成员的工作单位拜访他们。但是有些执行管理者要想开展拜访工作却尤其困难，因为他们任职的协会组织规模小、员工配备少，因此有许多工作需要他们亲力亲为，当他们完成每天的工作任务时，已经很难再平衡出时间进行外访工作。然而，拜访董事会成员是 CEO 工作中一个非常重要的环节，因此你可以考虑在协会提供经费支持的前提下聘请一些兼职人员、实习生或是顾问帮助你承担一部分工作内容，以便让自己腾出时间去开展与董事会成员之间面对面的沟通交流。

我曾经见过有一类 CEO，他们会过早地呼吁协会组织出台关键举措，然而这其实是一种非常严重的错误做法。不要为了给董事会留下深刻印象而太快冲出起跑线，不要在掌握专业知识和获得信任之前就将自己的新想法付诸实施。

情况三：你是从组织内部提拔晋升成为 CEO 的。

在情况三中，你是以协会职工的身份被提拔晋升成为新任 CEO 的。CEO 的工作内容要比你想象得更加复杂、微妙。由于你是从组织内部提拔而来，因此你在就任的第一天就已经掌握了大量有关协会的信息，而且你与会员也已经十分相熟，与员工更是像家人一样地相处。你在作为协会员工的职业生涯中已经获得了很大成功，这也是协会最终选择你来做CEO的原因。但是，对你来说这真的是一件好事吗？就如同所有家庭的情况一样，复杂的人际关系也在发挥着自己的作用和影响力。在你就任CEO之后便不再是协会的一名普通职员了，到那时，董事会能否以一种全新的眼光看待你？协会中的每个人是把你视为CEO来对待，还是仅仅把你当成一位来自协会员工岗位的老朋友？可以说，你CEO职业生涯的成功或失败在很大程度上取决于你与员工、董事会之间关系的重新审视。我曾经就听说过许多有关CEO角色转换过渡困难的故事，对于他们来说，制定政策、拥有战略性思维、与协会领导层共事都将成为工作当中的挑战。让这些新任CEO没能想到的是，尽管他们先前积累的员工岗位工作经验非常有用，但是要想真正开始运营管理一家协会所需要的工作技能却与此完全不同。如果是你，你会如何应对这些问题呢？

　　一旦你担任了CEO，那么首个工作日对你来说将是至关重要的，所以请多花些时间计划好这一天需要做的具体事宜。你可以组织召开一个全体员工大会，但是请谨慎计划你的讲话内容，因为你的言辞会为自己新任CEO的岗位工作定下基调。从积极的方面来讲，召开全体大会可以让你更好地了解你的"听众"，而且你可以根据需要调整好自己的发言内容，使之通过一种独一无二的方式表达出对员工的关心和期待。此外，请安排一位志愿领导做好准备在会上向大家介绍你的新头衔——协会CEO。这一刻正是你阐述自己的工作设想、召集和团结工作队伍的好机会。你要明白每个人都会对未来心存疑虑，但是在面对工作时，请减轻对未来发展变化的恐惧。

　　另外，组织中的权术之争也会影响CEO的工作。比如，协会内部的其他候选人是否也在觊觎CEO这一职位？如果在你任职后他们仍以员工身份开展工作的话，那么你应当怎么做才能把他们转变成为自己的同盟战友？在这一点上，建议你可以私下与他们进行沟通，跟他们聊一聊有关职位申请的事项；同时，了解一下他们的想法，看看是否可以与他们建立一个良好的工

作伙伴关系。

情况四：你取代了一位取得过超凡业绩的CEO。

在情况四中，任职时的你被大家寄予了厚望。当前任CEO被视为行业偶像时（这在已有离职或退休计划但仍坚持在岗任职多年的CEO身上是常有的事），你可能会因为受到过分期待而备感压力。在前任CEO的带领下，协会拥有良好的运营管理机制和合理稳妥的实施操作流程，接手这样一个运转良好的协会组织对于新任CEO的你来说当然再幸运不过，但是前任CEO所创造的完美业绩却会给你带来巨大的压力。不过令人欣喜的是，能够成功就任CEO说明你已经平稳地步入了协会的最高管理岗位，而且也表明协会成员对你的表现颇为认可，要知道能够拥有一个舒适的岗位过渡期对于协会中的每个人来说都有好处。

你可以尝试联系接触一下协会的前任CEO，一般来说他们都会非常愿意帮助你适应新的岗位环境。现在，你所要面临的挑战就是如何在不影响协会发展进程和不妨碍自己建立领导身份自信的前提下，利用好这些前任CEO的资源。协会希望看到的是领导岗位更替过程中的无缝衔接，甚至是让大家感觉不到这其中的变化。但是，要想做到这一点可是个不小的挑战，你应当理清思路，想清楚如何最大化地利用好前任CEO的工作经验。在这一过程中，你要明确董事会对于协会变化程度的接受情况，并且要彻底平衡好变化性和连续性之间的关系。

CEO岗位过渡的最佳状态就是：当新任CEO入职后，离职或退休的前任CEO仍然会在组织中工作一到两周来完成岗位交接工作。我所了解到的一家州级协会，他们的前任CEO就利用一周时间走访整个地区，并且将协会的新任CEO介绍给该行业领域的各个关键人物。此外，在岗位交接后的几个月中，这位前任CEO仍然和协会保持着电话联系并且能够出席短暂的会面活动。新任CEO可以考虑采用这种方式来完成岗位过渡，但要注意不要打扰到别人正常的工作和生活。

情况五：你取代了一位不想离岗的CEO。

　　在某些情况下，董事会会允许让即将离职的CEO留下来继续在岗工作几个月，甚至一年的时间。这时，协会中便会出现领导职责交错重叠的现象。尤其是在前任CEO即将离职却还保有头衔的情况下（这时的他们其实除了负责培训新任CEO之外再没有其他任何职责），协会管理中就会涌现出大量的问题和缺陷，因为只有身为新任CEO的你才应当是那个统领一切管理职责的人。当董事会提出由卸任CEO"培训"新任CEO的希望时，你要注意，这必须是一个有时间限制并且可以测量的培养计划。也许对你来说可能需要一周的培训学习时间，而其他CEO可能需要一个月的时间来进行培训。但是无论培训时间长短，一个协会同时拥有两位CEO绝对是一件令协会员工和会员都十分头疼困惑的事情，而且这样的状况也会令你十分尴尬。为了安抚那些希望继续留任的前任CEO，董事会保留他们的这种做法伤害和削弱了你的领导权威。能够获得前任CEO的扶持、传承CEO的任职知识与经验固然是好事，但是工作中越俎代庖或事后诸葛亮的行为却万万要不得。你要记住一个组织中只能有一位掌舵者，在这一问题上你要行事谦和但态度一定要坚定。

　　当退休CEO未来的职业路径尚未明确，而且董事会又许诺他担任协会顾问的工作岗位时，你应当就这一决定的意图、目的以及对你产生的影响等方面与董事会进行商讨。你要向董事会说明在什么样的状态下你才会泰若自然地面对前任CEO所承担的这种角色。另外，如果协会在没有大量工作需要前任CEO处理的前提下，仅仅为了维护政治权衡而保留对他们的工资发放的话，那么你要就这一情况与董事会进行沟通。你要让前任CEO尽早敲定他们最后离职的日期，尽管这些CEO直至约定卸任的前一天还保持着远程办公的状态。在最后离职的那一天，你可以举办一场欢送聚会或是策划一次办公室告别午餐会，让协会员工向即将离职的CEO说再见。

　　如果你能与已经卸任的CEO保持和睦的相处那真的是再理想不过的状态了。你要谨记一点，一旦前任CEO拒绝了你的要求并且中断了和你所有的沟通联系，那么你可能会因此失掉那些由前辈管理者们传承下来的历史资源。因此，如果前任 CEO 可以为你所用，并且能和你保持着密切的联系，那么对你来说就是最完美的局面了。

情况六：前任 CEO 不能为你所用。

在情况六中，无论是因为解聘还是不满等原因，你都无法立即获得来自前任 CEO 的帮助。因此，你上任后的第一项工作任务就是进行资料收集。你需要投入一定的时间并以谨慎的态度来面对这项工作。协会领导层和员工在你进行资料收集的过程中将成为最好的信息来源，但有时他们可能也无法提供客观公正和强有力的观点意见。如果协会员工和董事会的观点之间存在严重分歧，那么他们有可能做出发泄情绪、批评指责和说三道四等不利于你的举动。而你也可能会因为这种情况而陷入绝望，或是无奈地成为仲裁者来为他们做出评判和责任划分。但其实处理这种情况有一种更为理想的做法，那就是主动承认这种不和谐的存在并以专业化的手段推动事态向好的方向发展。

在缺少前任 CEO 帮扶的状态下，你可能会发现协会还存在许多遗留问题。因此，在开展资料搜集工作时，你要用有条不紊的方式来处理和对待它们。有时，你还可能会在某些信息的查找上遇到困难，比如在一些职员为数不多的协会组织中，甚至都不存在像销售商名单、银行、合同、密码等这样的信息内容。无论搜集情况如何，你都要做好记录并把结果如实报告给董事会。也许，仅仅查找资料这一项任务就可能花费你数周的时间，要想完全摸清协会的运行状况甚至可能要用上一年的时间，别忘了同时你还要领导和管理整个协会。但是从某种意义上来说，正是你对工作内容这种"从无到有"的完美处理，才让协会董事们明白你已经具备了适应改变的能力。

情况七：你的前任 CEO 不幸离去。

在情况七中，这位受人爱戴的前任 CEO 不幸离世。你作为新任 CEO 的第一项工作任务就是在协会中打造一种氛围，表明旧时 CEO 的管理时代已经终结。你要缅怀这位故去的 CEO，特别是要向他为协会所做出的贡献表达敬意。由于前任 CEO 的形象已经深入人心，因此你向员工说出的每一句话都要经过深思熟虑。面对故人的逝去，你要与他们一起感同身受，这一点非常重要。但更为重要的是，你要将全体人员团结成一个整体。你要利用好这一时机为员工打造愿景，以便让他们在未来继续更好地完成工作。此外，这种应对故人逝去的处理方法在你就任后的第一次董事会会议上也同样必不可少。一旦你确认了失去前任 CEO 这个事实，董事会成员自然而然地就会意识到新任的执行管理者已经就位；而且你的表现也能让他们明白，这位新任 CEO 能够理解自己的感受并且表达出了对逝去 CEO 的崇敬之情。

任何领导层的变化都是非常不易的。但是让人感到最为艰难的就是，当前任 CEO 因病突然离世或是因健康状况不佳而无望返回工作岗位时给员工和会员所带来的那种情绪上的冲击。你要明白这种失去的感觉是非常痛苦的，因此你对待他们的行为方式一定要温和，要懂得仔细倾听他们的感受。这并非意味着你不能从容坚定地领导协会继续发展前进，你要明白，这时 CEO 岗位的更替变化在他们看来要比平常状态下所受到的冲击更大。但是无论如何，从你任职的那一刻起，"高标准、严要求"必须在工作中保持执行下去。你要向员工强调，良好的工作表现才是对前任 CEO 最好的缅怀。如果一位领导者对自身要求不高，并且无法兑现自己坚守的承诺、无法证明自身的才能，那么任何一位员工都绝不会为这样的领导者工作。

情况八：你是在职位长期空缺或是频繁更换的情况下任职的。

在情况八中，你是在协会 CEO 职位长期空缺或是频繁更换的情况下就任的。面对这种情况，人们可能会猜测一定是协会前任 CEO 自身的问题造成的。但是，事实真的如此吗？也许在你任职的第一天，大家对你就不是很信任。协会员工和董事会成员可能表现得犹豫不决，并且甚至怀疑你也会成为那些被频繁更换的 CEO 当中的一员。面对这一情形，你的首要任务就是获取大家的信任。

首先，你应当擦亮眼睛好好探究一下前任 CEO 离职的具体原因。比如：前任 CEO 是被解雇了还是被迫辞职了？出现这样的问题是源于协会的一贯作风，还是由于某些特定领导的个人意愿所造成的？协会的运转情况是否稳定？会员数量是否有所下降？协会员工的工作情况如何？董事会中的人际关系状况如何？协会的资产负债情况处于怎样的状态？幸运的是，关于这些问题的答案和对财务状况的担忧，你可以在面试过程中与协会招聘委员会进行了解。你不能在没有掌握协会目前发展状况的前提下（包括协会的一切缺点）就发展制定出协会的规范标准。

就算是协会的董事会，也有可能完全不具备对协会发展全貌的充分认识。董事会可能并不知道协会中还存在着一些亟待解决的问题。而此时最有效的解决办法就是以直率坦白的态度来对面董事会。你必须加快获取大家信任的速度，其中最理想的状况就是，每个人都能参与进来把问题、困难解决好，从而实现各方共赢。因此，你要以乐观积极的态度面对你的任职现状，并和大家保持开放性沟通。

情况九：你从一名大型协会的资深员工转变成为一个小型协会的 CEO。

在情况九中，你曾经作为一名员工受聘于一家中到大型协会组织，但现如今你成了一家小型协会组织的新任执行董事。你会发现自己在时间管理上纠结不断，因为在小型协会中，你需要了解协会事务的方方面面，而且在大多数情况下你还要亲力亲为、身兼数职。你除了要承担 CEO 的职责外，还要承担筹备会议、发布会费通知、获取资金进项和购买办公用品等工作。在过去，你可能只需代表某些项目或是只需负责某些特定领域的工作即可；但是现在，你发现自己几乎要处理协会的所有事情。小型协会可能不具备自己的人力资源或者信息技术部门，然而这两方面的工作却会占用你大量的时间。简而言之，这种任职状态需要你在对待工作时要更加条理化，并且能区分出任务的轻重缓急。

从积极意义上来讲，在小型协会中任职的你能掌握更多有关组织运营管理方面的知识技能，并且掌握多项工作的处理决断权。在会员数量、特定人员入会、会议注册人数以及会刊文章发表情况等方面，无论董事会的问题涉及哪些，你都能游刃有余地做出回答，因为你每天面对的工作就包含了这些内容。此外，你可能还要承担一些项目外包责任，内容涉及项目合同谈判以及同游说者、会议策划方、广告代理商、IT 技术人员等协会外部人员建立业务关系。这些人能够在你不擅长的工作领域中协助你完成任务，这样你便能集中精力处理那些重要优先事项了。

有关成功领导管理行为的观察建议

无论你是在以上哪种状况下就任的 CEO，你都应该意识到，一般来说与志愿领导层和董事会成员共事是 CEO 工作中耗时最多、潜在情感需求最为旺盛的一部分。处理人际关系、配合他人工作风格、实现别人对你的期待、明确并促进志愿当选领导贡献最大化的方式等这些都需要你投入时间来完成。大费城地区高级执行管理者集团（Greater Philadelphia Senior Executive Group）的执行董事戴安·詹姆斯（注册社团管理师，同时兼任许多协会的 CEO 岗位，并且是某家协会的招聘官）就提供了许多有关 CEO 获取事业成功方式方法的评论建议。

- **提升自我认识、自我管理和情商。** 在这方面，CEO 拥有的特质水平越高，就越容易对人际关系的走向了如指掌，越能够识别出组织中存在的明显个性类型。处理人际关系的基本技能包括：积极倾听、保持自信、具备感同身受的能力。

- **为了让协会事务在处理、程序和政策实施上保持连贯性，在决策制定上保持透明度，请建立自己的名望和声誉。** 一个组织中公平信任的风气好坏可以赋予领导者决策以尊重，也能够让人对引导协会决策和发展过程的个人影响力产生怀疑。

- **鼓励董事会领导或指派志愿工作小组来应对那些可能会对组织造成危害的个人会员。** 一般来讲，这些会员都是通过违反组织政策、规章制度、组织行为准则，或是违反有关组织忠诚冲突方面的协议来制造问题的。有些问题的出现仅仅是因为会员的个性使然，因为有些人确实很难在团队中与大家相处共事；有些是因为个人日程与组织、专门委员会、董事会或专责小组的议事事项安排有所冲突而导致的；有些是由于个别人已经不在权力岗位任职，但却仍然希望受到"特殊"待遇所致；有些则是因为个别人惯于发挥个人影响力或权力所致；有些是因为代表协会分部利益的会员直言表达自己的不同观点所致。对于协会董事会和领导层来说，仅仅依靠个人勇气来对待处理专业同行的问题是非常困难并且极为少见的。因此，他们必须接受专业化的指导，在必要时获得来自组织外部有关治理方式、法律、财务、公共关系等方面的意见建议，并且要在有争议的行动和决定上达成一致意见。

- **与董事会主席或可能成为董事会主席的人建立强有力的合作伙伴关系。** 对于 CEO 来说，做一名得力的搭档帮助董事会主席获得成功的重要性无论怎样强调都不为过。但是，总会有一些 CEO 无法和董事会主席达到如此良好的合作状态，甚至还有可能牺牲掉自己的工作。许多资深 CEO 都曾经有过被解聘的经历，这正是因为他们没有与董事会主席以及关键成员建立良好的合作关系，而这些人却掌握着 CEO 的"生杀大权"。要知道在某些时候，CEO 对于改变事情发展态势并不具备任何掌控力。这就和打造所有重要关系一样，你需要用工作合作、持续支持、沟通对话等渠道来建立领导层的伙伴关系；并且，当你投入大量精力来获取信任和积极合作时，这种伙伴关系还能为你带来巨大的回馈。每新认识一位董事会主席和成员都是了解他们工作动机、掌握与他们共事最有效方式的好时机。通常来讲，寻找方法适应这些个人动机和工作风格值得你一试，除非协会因此受到不利影响或是出现资源被不当转移的情况。

- **要知道运用科技手段是如今协会领导管理经验中的重要组成部分，要明白志愿员工对科学技术有着多样化的需求。** 你要为那些处于关键位置的志愿员工提供技术培训（在某些情况下也可以是一对一的单独培训），让他们了解自己所需的信息内容是如何被提供、获取和分享的，并且使他们明白自己可以通过怎样的方式来发表自己的报告、观点和议题。对于那些商旅人士以及经常使用电话或移动通信设备参与工作的人员，协会应当提供随手可获、集中访问以及稳定可靠的技术支持系统，以避免他们在通信过程中出现的问题和麻烦。

● **做那些能让你保持精力集中、保持生活与工作平衡并且能够获得幸福感的事情。** 很显然，每天不可能有足够的时间来完成所有自己渴望去做的事情，即便是最具工作效率的管理者也会遇到一些难以避免的情况而被分散精力。在大多数协会组织中，无论一个管理者投入多少时间、金钱和人脉资源，总会有更多的目标等待着他去实现。况且，面对那些经常出现的个人会员或协会问题，即便再专注的人也很难做到精力集中。因此，在协会中商讨建立一个事项处理的优先等级是至关重要的，而且采取任务委派的工作方式也是势在必行的。对于某些协会组织来说，这可能意味着人员的雇用或是对人员结构进行重组；但是协会往往还需要通过雇用员工、志愿者和实习生这种复合方式来委派工作。虽然工作委派这一过程也会花费你的时间，但此方法却非常值得一试。这就好比我们在飞机上经常听到的安全提示广播一样："请在戴好自己的氧气面罩之后，再去帮助其他人。"每位成功的协会CEO都会逐步采取措施，先在保持自己身心健康的基础上，然后再让别人对协会愿景、优先事项、发展情况以及方向调整情况进行了解。由于董事会和员工都算不上是协会CEO的同业人员，因此拥有一个可信赖的"智囊"团队、加入一个由CEO组成的可以见面交流的同业者群体、获得来自朋友和家人的外在支持以及建立保持个人身心健康的良好日常作息都将有助于你工作的开展。所以，你要平衡好自己的时间，享受假期、发展爱好，然后利用固定时间来享受你对事业的追寻。一刻不停地工作只会造成两种已知后果：要么把自己消耗殆尽，要么对工作产生不满。不论是哪种结果都会导致自己对工作热情的丧失，并且最终你会把这种情绪和状态显露在与你共事的每个人面前。因此，请管理好自己的精神状态，想办法不断地调整自己产生对工作的内在热情；只有这样才能不断地消除协会成员对你的疑虑，使他们确定自己的 CEO 能够尽心尽力地投入工作，并且保持亢奋的状态来迎接协会未来的成功。

- **请保持本真。** 任何事情都不可能完全展现出其真实性。保持真实性并不意味着要把自己的所思所想全都原原本本地表达出来。但是你仍然需要以八面玲珑、敏感细致的处事方式，对环境及周遭人事的感知能力以及对自我克制能力的运用来展现 CEO 的专业精神，从而达到预期的工作效果。

- **理解领导者权力的内涵。** 能够鼓舞他人、分享交流令人信服的观点、带领他人实施行动、获得他人信任并且为人正直诚信的领导者才能够不断地获得成功。如果某位 CEO 能够通过自身的独特视角以及对工作的热情与诚信来打动他人加入组织的话，那么即便他在技术领域存在短板也是可以被忽略的，因为早在最初面试 CEO 人选的时候，他的这些个人特质就已经给董事会留下了深刻的印象。董事会需要的正是能够很好发挥代表作用的人，能够激励更多会员加入协会的人，具备领导者气质的人以及能够向协会所代表的行业／专业／事业领域展现出自身责任担当的人。

第五章　与协会员工共事

你要为协会员工的工作负最终责任，并且董事会也会向你问责。谨记这些，那么你在工作中展现自己专业水准的机会将大大增加。

——艾丽西亚·多佛（注册社团管理师），美国得克萨斯州管道热力制冷承包商联合会执行董事

除非你是这个协会唯一的一名员工，否则在你任职 CEO 时要么保持协会原有的人员队伍，要么重新招募自己的协会员工。每一个协会的人员构成情况都不尽相同，每一位执行管理者也都有属于自己的一套与员工相处共事的方式。在成为 CEO 最初的几个月当中（当然也包括在那之后的日子），你的任务之一就是对协会员工的工作技能及其所承担的工作职责进行评估，判断出哪些技能和岗位是协会发展所需的。在一开始，你可能需要检查一下员工的工作绩效情况：查看他们的年终评审结果，了解他们掴有的业绩记录；掌握他们各自负责的工作内容，并且明确他们是否理解了自己的工作内容和愿景。然后，你需要找出以下几个问题的答案：员工能否胜任目前的工作？他们是否有潜力去适应新的需求？他们是否渴望学习？

员工是你最重要的一笔财富。你的工作就是建设员工队伍并培育组织文化，此外，团队建设、人才培养以及开拓员工未来职业发展道路也在你的职责范围之内。如果你不能像关心自己一样去足够关注员工的福利待遇和职业

发展，那么你将无法打造一支强有力的工作团队。

员工其实相当于是对你自己的一种反射，因此你要像对待自己一样确保他们也同样具备工作所需的兴趣和技能。这并不是说他们一定要非常完美，恰恰相反的是，作为他们的领导，其中一个最棒的体验就是你能有机会看到员工们的学习与成长，并且随着时间的推移，他们逐渐开始承担越来越多的职责。而你——协会的CEO，就是他们职业未来发展的大管家。

这么多年来，我曾经观察到，在某些执行董事接受协会聘用之时，组织原来留下的老职工已经多年没有得到过任何专业方面的发展了（如果他们曾经得到过发展的话）。而这一情况应当作为新任CEO重点关注的方向。行业本身正在经历时代变迁，当前我们所面临极为重要的议题之一就是适应协会事务管理的新方式，此外你还需要去了解和评估员工的技能水平。目前，有许多协会并没能跟上技术发展的步伐。在某些情况下，协会员工可能并不情愿接受电脑系统的更新换代或是去适应新型的通信媒介；然而，对于那些更年轻的员工来说，如果他们在平日生活中所接触到的技术设备、沟通手段与在工作时所配备使用的水平标准不一致时，他们可能会感到沮丧。另外，如果协会没能跟上当前有效沟通交流方式的更新速度，那么它的发展也会受到阻碍。如果董事会没有设置专门资金用于为协会更新换代电脑设备及其他基础设施的话，那么你应当将这一情况作为一项议题向董事会进行汇报阐述。当然，挑战不仅仅局限在硬件设施上，还要看你所属的协会在运用了这些新兴技术、社交媒体以及数字通信技术之后，它的运作效力得到了怎样的发挥。

我曾经拜访过一家协会，这个组织很显然还在运用他们25年前的管理方式，而且毫无疑问的是，这里的员工没有获得现代管理运营方式背景下所需的设备和工具。这家协会的管理体系并不完整，大量的资金被用来购买出席研讨会人员的记事本以及用于储存会员注册申请表等纸质材料的文件档案柜，而不是用来购买可供下载的电子文档格式软件。这家协会的网站没有设置移动端界面，并且许多办公电脑和办公软件在近几年内也没有进行过更新。出现这样的问题，没有人清楚这到底是董事会的失误还是前任执行官的失职。如果你遇到了类似的情况，那么你应当承担起职责，利用好这个机会去处理解决这些问题。如果董事会成员在办公室基础设施建设方面不愿意进行投入的话，那么你应该告诉他们升级换代的好处，并且去进行游说获取相关资源的支持。你的工作就是要为协会员工提供他们有效完成工作所必需的设备和工具。

作为一名新任 CEO，你会遇到一些老员工，其中一些人不愿意看到组织中有任何事情发生改变。其实每一个协会组织都会面临这样的问题，虽然就协会而言，拥有终身制员工往往是一件好事，但前提是这些员工具备推动协会向前发展的必备技能；此外，你还要确认员工自身是否有意愿提升进步。一旦你发现他们对协会的发展漠不关心，而且也不愿意学习掌握新的技能时，那么你可能需要对员工的取舍做出艰难抉择了。

一旦开启了自己的 CEO 任期，你可以寄希望于协会的专业员工来带动你跟上行业最新发展形势。你可以通过审核员工人事档案，安排每人 45 分钟的面谈时间来了解情况；如果协会中还拥有高级管理员工团队的话，那么面谈的时间可能还会更久一些。但需要注意的是，面谈行为不应当对员工造成压力，你要让他们明白，面谈的目的是为了了解每一位员工并优化完善你们共同的任务目标。你要向员工展示出自己是他们的拥护者，在向他们做出保密承诺之后再开始进行提问。提问内容包括：你目前的工作职责描述是否准确？如果你拥有更多的预算，会选择开展哪方面工作？你认为协会在会员、董事会、技术、财务以及政策等各个方面都面临着哪些挑战？你在工作中所遇到的难点都有哪些？你所在部门或是你所承担的工作任务的年度目标是什么（这些目标应当在其人事档案中有所体现）？你正在接受或是正得益于哪种类型的继续教育？你是否加入了某个继续教育领域的专业性组织？你所具备的哪些技能没有得到发挥利用？协会和办公室工作的哪些部分是你最喜欢的？

通过上述提问，你应当能从员工那里得到大量的反馈信息，然后针对这些信息开始进行研究和记录，看看协会还需要在哪些方面做出调整。另外，对提问内容的日常执行情况进行检查也同样重要。例如，当大卫·甘默尔

（注册社团管理师）来到美国昆虫学会任职时，他注意到自己每周都会收到来自所有员工撰写的工作报告，内容包括上一周的工作完成情况以及本周的工作计划。大卫发现这些报告已经完成有一段时间了，而员工所做的仅仅是继续执行协会的工作报告制度，并将其转化为实践。几周之后，大卫意识到自己不再需要审阅这些报告了，他选择利用这个契机来建立自己与员工之间的信任。当他询问员工是否介意不再撰写这些工作报告时，员工们都感到受宠若惊。可以说，这个案例为我们上了宝贵的一课：通过小事也可以达到组建团队、展示信任、赋权员工的目的。

员工的雇用与解聘

有时候，董事会会就协会的人员变动向你做出指示，但这却可能造成一种滑坡效应（指一旦开始便难以阻止或驾驭的一系列事件或过程）。你要记住，作为一名CEO，你才是那个掌管人员雇用与解聘事宜的负责人。也许董事会提出的非正式建议十分合适甚至是完全正确的，但是尽管如此，你也不能让他们插手协会的人事裁决事宜。你可以感谢他们的观点和建议，并向他们做出保证，作为协会员工的领导，你能够确保员工的工作绩效呈现出良好发展态势。

当我开始在害虫防治协会工作时，组织中正好出现了一个行政管理岗位的空缺，于是一位董事会成员便向我推荐他的妻子来担任这一工作。我知道这将是一个非常尴尬的局面，我拿着工作岗位说明，与这位董事会成员一同审阅了这一岗位所需的工作技能。通过了解，我发现他的妻子并不具备就任这份工作所需的数据录入经验和财务专业背景。同样地，这位董事会成员也知道并承认他的妻子确实不是这一管理岗位的合适人选。如果他的妻子符合任职条件，那么我们可能会开始围绕会员信息的保密和可能存在的利益冲突等内容进行讨论。

如果协会聘用你担任CEO是为了让你给组织带来改变，那么开展工作时，你应当在做好准备之后再做出决定。有时，董事会会向你提出要求，让你为他们眼中的"资优员工"配置奖励终身任职待遇。在遇到这一情况时，你应当与董事会展开一场开诚布公的讨论，针对这种有欠妥当的做法向他们表达自己不同的意见。据我所知，有一位手握长期合同、能力超群的协会员工，她主要从事贸易展览和广告销售工作，每年负责为协会带来大量收益。虽然，她在帮助协会获取收益方面非常成功，而且董事会成员也因此认为她能力超群，但是她在员工群体中的影响却非常恶劣。她的种种行径包括：公开斥责其他员工、不按时限要求完成工作从而影响后续员工的工作量和时间安排、为人骄纵自傲、不在正常时间内办公、坚持要求他人对自己的重要需求进行快速处理。员工们都非常厌恶她，并且尽量努力躲避她。然而，面对这样的情形，协会的新任执行董事却没了主意，他不知道该如何应对这个问题，并且最终也没能采取任何措施来阻止这种行为的发生。协会的这位领导初来乍到，以前从没接触过员工监管工作，并且在他身边也没有一位可以商量和请教的人。他最担心的就是一旦这位"资深员工"离开后，自己将再也找不到合适的人选来接替这一位置，并为协会继续带来效益。在这一点上我可以向你保证，无论是面对协会的哪项工作，你都一定会招募到能人来接任，除非协会组织在选人方面本身就不善治理或者是 CEO 在人员选拔方面没有尽心尽力。本地或州级的专业协会组织大多都像美国社团管理者协会一样配备了就业人才信息库，因此在人才方面你可以向他们进行询洽。

　　尽管如此，经历员工解聘的过程还是十分痛苦的，招募接替工作的新员工和投入精力开展培训都是非常耗时的工作。但是最终，一切付出都是值得的。也许你会因为解聘了某些董事会成员最喜爱的员工而面临着他们对你的责难，但是不用担心，因为人员变化的结果是富有成效且具有积极意义的，以至于最终会让董事会成员忘却那些不愉快。记住，有些人并不是适合你和协会工作的最佳人选，因此千万不要因为他们看起来无可替代就忽视了对他们的解聘处理。

　　在完成人事档案审查和员工面谈之后，如果你发现某位员工在岗位适宜度方面存在严重隐患，为了以绝后患，建议你对这一问题的处理应当宜早不宜迟。你要明确规定出终止雇佣关系的最佳流程，检查组织中是否还存在受合同庇护的人员，如果发现这种现象依然存在，那么应当尽快纳入你的考虑范围。

协会配备就业法律顾问了吗？人事档案是否包含违规和注意事项的书面文件形式为你的工作计划提供支撑？你是否曾向员工提出过建议和忠告，并做好了记录保存工作？你的领导方式和工作愿景可能与员工们以前面对的情况千差万别，因此你要给予他们一定的时间来进行消化理解。一旦发现他们无法适应这种新形势，那么你需要果断地对人员构成做出调整，而且是尽快调整。因为我们不止一次听到来自 CEO 这样惋惜的感叹："我的这位员工让别人失望了，真后悔自己没能尽早地采取行动。"

来自破产重组管理协会（Turnaround Management Association）的 CEO 格雷格·法恩（注册社团管理师）是一名初任 CEO，他感到承担 CEO 工作最令人焦虑的部分就是处理员工的人事问题。毕竟，他第一次担任 CEO 职位，而且其所受聘的协会组织也面临着一些严峻的问题。曾经有人忠告他，并非所有员工都乐意接受协会领导者的更换，而且有些员工甚至会在工作中与新任领导作对。要知道，这些谏言可能会让新任 CEO 疑神疑鬼，对他人缺乏信任，并且还会招致他们在工作中采取事无巨细的微观管理方式。然而格雷格却没有这样做，他与员工采取了一对一和小组会议的讨论方式，并且对自己所看到的优异表现大加赞扬。通过这样的做法，这位新任 CEO 和他的员工团队渡过了难关，并且他们的团队性质也变得清晰明朗起来：从很大程度上来说，他们是一个由需要被赋权的高素质专业人才组成的团队。鉴于这样的团队性质，格雷格开始鼓励大家在自己的部门内部实施变革，鼓励大家进行跨部门合作，并且批准他们进行人事变动。

这位 CEO 就任后所采取的第一项行动就是签署文件，批准了那些被前任 CEO 搁置的必要人事变动事项。他发起了高级员工周例会制度，在会上成员可以开展战略研讨，并且成立专门的策略小组来应对处理某些专项问题。他的目标就是建立一个有凝聚力的团队，并且这个团队能够在他不在岗的情况下，以基于共同商定为方式，以遵守执行协会完整原则、政策和程序为手段来发挥作用。我们可以清楚地看到，这个团队从开始发展到现在没有一个部门是孤立的，团队里的每一位高级员工都能来分享自己的资源和想法，并且大家共同开发制定战略规划。此外，格雷格还鼓励员工在CEO在岗的情况下也要定期组织召开会议。这样能够帮助整个团队提升凝聚力，并且也为他们提供了一个时机来讨论协会正在实施的所有变化调整情况。除此之外，预算管理也成为这个团队建设的训练项目，因为每一个部门的负责人不仅要知道自己部门的预算执行情况，也要清楚其他部门的财务工作情况。这个高级员工团队不仅仅要承担他们自己的直接工作职责，还要确保其他员工在工作上达到最基本的目标要求。这样一来，就为协会打造出了一个以团队协作和相互支持为内涵的组织文化。

这位CEO致力于打造协会团队的长期成功。当发现有些人确实不适合再在目前的岗位上工作时，他就会做出解聘员工这种艰难的选择了。

当然，除了解聘那些不再适宜的员工外，格雷格还对那些被保留下来的员工进行鼓励。一个月之后，他去拜访了那些目前留任下来的职员，并且向他们直接表达了组织雇用的决定。换句话说，格雷格的这一行为是想告诉这些留任人员，哪怕他们已经不算是在编人员了，自己仍愿意选择聘用他们来承担工作任务。格雷格希望每个人都能以非常直接的方式接收到"组织渴望他们加入团队"的这一讯息。这些人可能曾经受雇于其他组织，但是现在，他们被坚定地收编于"格雷格团队"了。

无论你向哪位执行董事寻求有关人事管理方面的建议，他们都会做出同样的回答：雇用人员时要小心谨慎，解聘人员时要速战速决。无论协会员工的数量规模如何，你都不能允许组织中存在表现糟糕的人员。不适合就是不适合，这里不需要任何的借口和理由。员工们会非常感激你，因为你怀揣着理想要打造出具备凝聚力和生产力的组织环境；而且他们还会欣赏你顾全大局、从不向"特权"和"恶势力"低头的做事风格。人事变动可能会在一段时间内给协会带来一些颠覆性的改变，但是做出这样的选择总比你每天要处

理无休无止的人事问题要强得多。

员工与董事会之间的互动

你的员工是如何与董事会及其成员打交道的？这是一个非常值得关注的问题。而且，协会的组织文化和CEO的管理风格也决定着员工参与人际交往的方式。在有些协会中，员工和董事会成员一同参与项目工作，并且以定期通话的方式商议工作事项。对于他们来说，像这样的沟通讨论没有必要再经过CEO的批准同意；但是在其他一些协会组织中，除非经过CEO的批准同意，否则员工是不允许和董事会成员进行直接对话的。董事会应当意识到协会拥有高素质的专业化人才队伍，而且在大多数情况下，董事会对员工都是非常赏识的。但是，我却听说有些协会的情况并非如此，他们的董事会成员会当面对员工进行批评教育，而不是把自己对员工的担忧转达给协会CEO。你要记住，永远不要让协会的董事会成员对你的员工恶言相向，无论是大喊大叫的训斥还是令人备感难堪的羞辱。你要想好，一旦自己默许了这种失礼行为的发生，你要花费多少心力才能挽回员工对你的信任；当然，如果以牺牲CEO职位为代价才能捍卫这些重要员工的话，那么我想这样的工作可能也不值得你拥有。

但是从反方面来讲，你是否又会担心员工与董事会成员之间的关系太过于亲密融洽？关于这个问题的答案是肯定的，因为有太多关于员工和董事会成员关系过密的例子，比如有些协会的员工和董事会成员会在私下约会见面。因此，你应当明确协会内部的哪些事项能够得以批准，哪些又是明令禁止的。但是，你绝对不能仅凭一时冲动就去颁布和实施某一管理政策，你应当出台一份书面员工政策，在其中明确规定员工的行为守则，比如协会规定，"不允许员工与董事会成员之间存在约会交友的行为"。

人才培养

请认真思考一下你就职首日的工作内容：你可能需要先组织召开一个全体职工大会，让他们对你个人以及工作方式有所了解；针对董事会确定的优先重点工作项目，与员工进行相关信息的共享；让员工了解你未来几周的工作计划，包括会见员工计划、差旅计划以及工作日程安排等。如果你已经下定决心要以全新的管理方式来带领协会发展的话，那么你需要向员工解释说明治理愿景的内涵以及全新管理方式所带来的改变。比如，协会将会出台岗位职责说明，进行年度工作测评，并且对每周员工例会的出席情况做出要求；此外，像弹性工作制、远程办公、在岗时间以及着装要求等内容都会被纳入员工的评价考核范围。

此外，协会的团队建设和员工的职业发展规划也是你作为 CEO 工作的一部分。在你就任 CEO 岗位的第一个月里，你可以考虑在结合经费预算的基础上把员工们召集起来组织一次趣味活动。你首先需要查看协会近些年已经开展过的活动项目，然后找出员工们可能喜欢或是感兴趣的活动内容；当然，你还可以考虑抽出半天时间将员工带离办公室来举办活动。

在结合协会规模大小和资源的基础上，你可以考虑在全体员工范围或是仅仅在管理团队层面上开展员工"静思活动[①]"，内容一般包括：团队建设、战略规划讨论以及头脑风暴等。你可以利用一天的时间，选择一个远离办公室的地点，开展这种使员工放松、学习和交流的"静思活动"。你要规划好"静思活动"的事项安排，并且提前让员工对活动内容有所了解。在筹备活动的时候，你要考虑到，有些人对体育性质的拓展训练并不感兴趣，有些人在饮食习惯上有特殊要求，此外还有些人可能因为活动时间安排过长，

[①]　静思活动（staff retreat）：一般指集体放假一天，大家一起离开工作岗位，找一个休闲的地方放松、学习和交流。开展一些活动，思考工作中需要提高和改善的地方，通过学习提高，加强沟通，增进友谊，从而更好地提高团队的凝聚力和战斗力。

导致与自己的家庭活动产生了时间冲突。要记住，组织员工"静思活动"的目的就是要大家都能参与其中，从而提升员工的凝聚力。

你要确保协会配备了用于员工学习和发展的专项资金，并且鼓励员工尽可能多地参加一些研讨和会议交流活动。我常常听到这样的说法，许多协会员工并没有意识到协会工作也可以成为一项事业。他们拥有一份每天忙忙碌碌的工作，殊不知自己的工作是如何与协会的整体运转融为一体的。他们可能不知道协会的历史和数量发展情况，并且对自己所属协会的免税条件也没有了解；当被人问及自己的工作内容时，这些员工可能会对自己的职业描述表现得茫然无措、一无所知。面对这样的情况，你可以和员工聊聊他们的工作内容，告诉他们这些工作是如何被纳入组织整体当中的，然后把这些员工送去协会研讨班进修或是参加培训课程学习，比如可以参加协会 101 机构（Association 101）组织的在线研讨会或课程培训。在研讨班或进修班上，这些员工会遇到和他们一样就任相同职位、从事相同工作的协会同行。然后，他们便会意识到自己是在一个专业的行业领域中工作，而所学到的知识也将有助于改善和提高自身职业发展和协会组织发展。

在培养项目主管或是部门负责人等高级管理人员时，你要告诉他们如何去建设发展自己的团队。格雷格就把团队建设作为协会主管职位年度考核内容的一部分。他提出，要让协会的每一位员工都能够参加美国社团管理者协会、州级社团管理者协会或是其他专业培训机构所组织的正规教育培训课程。他将员工职业发展纳入协会的预算当中，并且要求每一位员工都能从协会设立的职业发展项目中获益。此外，他还鼓励员工获得诸如注册社团管理师、注册会议策划师职业资格认证以及高等院校毕业文凭等证书。持续的终身学习应当成为奠定协会员工发展的坚实基础。

办公室文化

办公室文化是一个经常被人们忽视的方面，而且往往是到 CEO 任期的最后才被得以重视。办公室的整体面貌、员工的着装与行为以及组织中的社团氛围，无论其程度或多或少，都反映着办公室文化的状态。其实，你希望营造的组织文化环境就是协会在确定优先事项时所衍生的一种副产品。

现如今的劳动力状况已经让我们开始对协会办公方式的某些方面重新进行评估和调整。首先一点是指办公人员构成的多样性改变。在同一组织中，可能会出现多达 4 种不同类型的人群和不同年代员工一起共事的场面。届时你要面临的问题就是，这些性格迥异的员工能否懂得与他人的相处之道。你可以考虑组织召开一次团队建设会议，内容涵盖人格评估和优势识别；同时，你还可以考虑邀请顾问就每种人格和优势的特性要点进行解析。对于协会来说，能够找到每个人的特性优点、识别出人们之间交互作用的方式是非常难能可贵的。另外一点是指办公状态本身的改变。现在，有越来越多的协会都会为了节省办公室空间、减少差旅出行时间而提供远程办公的便利条件；或者是为集中精力完成某些重点项目而提供其他更安静的办公场所。你必须确保协会已经规定了远程办公的适用条件，并且配套制定了有关政策，以免让他人感到有偏袒之嫌。

在营造办公室文化方面，我们可以从下面的一些实操案例中得到一些启示：

（1）在例行召开的员工会议上，你应当让每一位参会人员都能对协会近来的项目活动和最新资讯有所了解。你可以选择每周举行一次全员例会，如果协会规模较大，你可以将参会人员范围限制在部门负责人层面；或者你也可以选择每周召开一次各部门会议，然后按月或是择机召开全体员工大会。

（2）有一位新任执行管理者，他所属的行业组织实行的就是远程工作管理，并且在组织中也没有配备直接向他进行工作汇报的员工。就这样，他任职了 6 个月，期间甚至从未考虑过要召开员工会议这件事，直到有人向他提出了这样的需求。如果在你所属的协会组织中也拥有远程办公的工作人员的话，那么协会组织召开全体员工会议的需求只会更加强烈。

实体办公环境

你希望能为雇员打造一个安全、舒适的办公环境。毕竟，我们每天大部分的时光都是在办公室里一同度过的。那么请你思考下面这个问题：会有大量会员、民众、监管者和立法者前来踏足你的协会吗？在我所探访过的大多数协会中，前来拜访协会办公室的会员几乎寥寥无几。但是也有一些例外情况，比如像房地产经纪人协会、建筑商协会以及承包商协会等地方性协会组织，在他们的办公室里通常装配有培训设施等资源，而且这些协会还会定期在办公室组织会员的见面活动。也许你所属的协会性质与他们有所不同，你可能不会拥有那么多的拜访者，但是鉴于员工每天都要在办公室里度过他们的工作时光，因此他们值得拥有一个舒适的办公环境和不断更新的办公设备。

如果协会的办公家具变得老旧磨损，你可以同协会的执行委员会或董事会进行协商，拨付用于家具维护更新的经费。办公环境会因重新粉刷和重置家具而变得焕然一新。甚至可以说，从某些协会的办公室装潢中就能够反映出他们所代表的行业和领域。

当你走进位于得克萨斯州首府奥斯汀的得克萨斯音乐教育工作者协会（Texas Music Educators Association，TMEA）的办公楼时，你便知道自己来到了一个与音乐行业相关的办事机构。在他们的办公室里随处可见利用回收乐器制作的办公桌，乐器都像艺术品一样摆放着，会议室里甚至还配备了一架小型钢琴。这样的装饰风格时刻提醒着协会员工，他们的工作就是帮助那些在音乐行当里打拼的人们。此外，得克萨斯音乐教育工作者协会还有一个大型厨房，因为这位长期任职的执行董事很喜欢做饭，并且他常常在协会召开董事会会议时为成员们准备餐食。而这个协会的组织文化就是：成为家庭成员的一份子、纽带关系的一环和共同关系的一员。

我之前曾经拜访过得克萨斯州计算机教育工作者协会（Texas Computer Educators Association），这家协会就把自己的办公环境建在了一个开放、协作的空间里。该协会在办公环境中设置了游戏区域，甚至还鼓励员工一同参与游戏活动。此外，协会还为有需要的员工提供了站立式办公桌，而且糖果零食在办公室里也是随处可见。这家协会还配备了许多小型会议室，并且每一个会议室会根据他们所期望打造的会议环境来命名，比如："创造""独处""合作"等。这样一来，会议室的风格就和参会成员的工作与开会方式非常契合了。此外，该协会还打造了一个大型培训中心，在那里他们可以针对行业需求定期举办培训课程。

在上述这两个案例中，这些协会的执行董事们都为他们的办公环境付出了大量心血，他们花费了大量时间来思考，如何打造一个温馨舒适的办公环境来让员工发挥出他们最佳的工作绩效。

员工政策

当你在新任 CEO 岗位上安顿下来的最初几个月里，请花些时间评估一下与员工相关的事项范围。你应当与相关人员一同做好协会现行项目和提议项目的审核工作，还可以向员工就他们的工作内容评价方式及反馈情况进行了解。你要确保自己掌握每个部门的工作目标，了解协会财政对于预算工作的影响等有关事项。

你可以通过学习协会现行的员工手册或员工政策指南来获取直观感受，判断出协会制定的哪些政策是合理适宜的，该调查结果还能揭示出员工对现行政策的遵守情况。如果协会没有制定员工手册的话，那么请将这个工作列入你的"必做事项"清单中。当然，你还可以向其他的协会同行求助请教，将他们共享的员工政策作为你参考制定员工手册的基础；或者你还可以选择借鉴州级或国家级协会的做法，把他们制定的政策作为范例来进行比对。

当新任 CEO 开始履职时，常常会发生这样的情况：协会的员工手册已经过时或是缺失了某些重要内容；员工开始制定他们自己的规范要求；在 CEO 人选变更过渡期间，员工会自作主张地往手册中补充一些条款。为了避免上述情况的发生，一旦你开始重新制定或修订员工手册，一定要确保组织中人手一册，而且还要让员工签署一份已经阅读并知晓政策内容的声明。

员工的人事档案应当进行安全妥善的存放，而且你还要确保与员工有关的文书档案内容的正确填写，其中包括：W-2 表格（即员工的全年薪资和扣税情况表）、违法违规和明令禁止行为情况说明、背景审查结果（如果对员工进行过调查的话）以及包括奖金在内的工资情况等。其中，你要特别注意员工的薪酬支付情况。如果协会支付给员工的工资数额低于其他同行协会的薪酬水平的话，那么你应当将薪酬调查结果汇报给协会的执行委员会。如果协会的资金无法立即到位投入使用，那么你可能需要等到下一个预算周期来临时再来解决这一问题。CEO 的目标就是为员工提供一个公平合理的工资待遇，如果报酬数额太低可能会增加员工的离职风险。

工资待遇只是良好工作条件的一个方面。你所打造的组织文化待遇对于提升员工的满足感来说也同样重要。比如，你为员工提供配套的养老金计划了吗？是否为他们提供了健康保险和牙科保险？在员工管理中，你可以考虑使用带薪休假来替代传统的薪酬支付方式；通过设立病假制度让员工的工作时间更加灵活；你可以考虑将固定的办公时间调整成弹性工作制，以便让有孩子的员工或是通勤时间过长的员工受益；查看协会是否针对恶劣气候条件制定调整办公时间的相关规定。此外，你还要考虑协会的停工时间是否迎合了学校的放假时间？协会是否制定了便装规则，允许大家在不举办会议的工作日里轻松着装？虽然协会的薪资待遇可能与企业无法匹敌，但是协会给予员工带薪休假等福利对于员工来说也是一份可观的报酬。例如，有些协会会

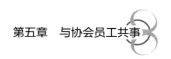

在夏季的周五下午实行放假制度；许多教育领域的协会实行与学校相同的假期制度安排，如果教师享有春假或圣诞节长假，那么行业协会的员工也同样享有这样的假期安排。而这些待遇很难仅仅用金钱来衡量。

欺诈行为警告

你必须尽自己的一切努力来降低员工和志愿人员在工作中造假行为的可能性。但是，很遗憾地告诉你，非营利组织历来都会存在这种欺诈行为的问题。在本书第八章中，有关财务事项的叙述部分会针对这一问题进行详细探讨。但是，在此依然要提醒你的是，一定要密切注意那些在放假期间依然工作在办公室的员工以及那些在工作中有机会接触协会款项的员工；此外，那些用现金支付注册费的会议场合或责权很难区分的基层职务岗位都是潜在欺诈行为的高发区。你需要检查一下组织中是否存在员工持有协会信用卡的情况，而且还要确认持有信用卡是否真的是因为工作需要；但是更为重要的是，要明确由谁来批准和监管信用卡的使用。

下面我们来看一个例子：有一家协会给他们的高级管理人员配发了信用卡，但是却没有对员工使用信用卡的授权支付范围加以详细界定和说明。结果，所有员工除了使用该信用卡支付差旅、住宿等费用外，还用来支付日常的个人开销（包括汽车油费、杂货费、家庭电费开销以及置装费等）。最终，信用卡账单显示协会欠费一大笔钱，而且协会用了很长一段时间才支付还清这些账单。更为过分的是，直至协会新任 CEO 到任之前都没有人去核对这些账单，并退还账单让员工自行还款。后来，许多滥用协会信用卡的雇员在新任执行董事到任后不久便离开了岗位，而协会再也没能将这些已经支付的钱款追要回来。

作为协会 CEO，你希望自己能够信任这些员工，相信他们能够完成好本职工作并且具备很高的道德修养。但是同时，你也要做好两手准备，保证协会配备了完善的工作程序来降低这种欺诈行为的发生概率。另外，你还要保持开放的态度来倾听员工的担忧，并且在处理所有员工问题上要做到公平公正。作为一名 CEO，你要帮助员工认识到他们的潜能，并且要支持和保护他们。随着时间的推移，会有一些员工离开你的身边朝向未来更好的职业发展道路前进。到那时，你便会明白原来自己为他们提供了一个学习和发展的机会和平台。

第六章　采用优质治理方式

永远要做到坦诚相待，并要保持工作的公开化、透明化。无论消息的好与坏，都要与董事会共享，以便建立你们之间的信任与尊重。

——大卫·迪布瓦（注册社团管理师），美国社团管理者协会资深会员，国际会展协会总裁兼 CEO

虽然有许多的协会治理良好，拥有着专业化的治理方式并且在工作方面也表现得可圈可点，但还是有一部分协会并没有意识到优质治理方式的重要性，而且也不清楚什么样的不良治理程序会导致协会运营的混乱。这些年来，我曾听说过或是见识过许许多多治理混乱的董事会，也目睹过那些和协会董事会斗智斗勇的 CEO。对于许多 CEO 来说，导致他们在工作中烦恼徒增的最大缘由就是与董事会共事，而紧随其后的才是各种员工问题。与董事会合作良好也是衡量 CEO 成就的一个重要因素，同时会让擅长于此的 CEO 体会到满满的职业成就感。但是为什么 CEO 在和董事会共事的过程中会受到挫折呢？这到底是 CEO 的问题还是董事会的问题，抑或是员工的问题？当我更为深入地研究这一情况时发现，导致 CEO 与董事会共事屡屡受挫的缘由大多是因为协会没有配套的工作程序，没有制定明确的政策，或者是没能得以适当地加以运用和实施。此外，董事会成员也没能像志愿领导们那样接受过相关的岗位职责培训。如果协会建立了良好的治理结构，那么其中的大多数问题都能得以避免。以我的经验来看，协会的治理领域就是很多工作出现问题的症结所在。

每一个协会的董事会都是与众不同的，构成人员的个性特点和处理问题的权谋手段都是以不同的方式展现出来的。我曾经听说过有那种流氓行径的董事会成员，毫不夸张地说他们的行为怪异可怕，甚至包括拔枪和扎轮胎。虽然董事会的状况还不至于这么吓人，但也总会出现以下这样的情况，即：董事会成员利用董事会会议的时间向 CEO 询问预算中的小项目细节，或是询问 CEO 开展某些具体工作的原因，他们通过微观管理的工作方式把 CEO 的生活变得无比悲惨。在运行功能混乱的董事会中，成员们不懂得自己被选举出来到底是要做些什么，因此他们可能去开始制定新的规则或在没有资金支持的情况下去坚持开展某些新项目，工作情况一片混乱、没有任何计划、也未能与协会的战略规划相契合。而优质的管理能够将不可避免的损害最小化，为了保证多方利益，协会的管理结构必须是牢固的、通俗易懂的以及能够贯彻执行的。

在治理过程中，要确保协会具备专业化的工作流程来促进决策的制定、确保组织的管理完善。美国社团管理者协会曾出版过多本有关优秀治理实践的书籍，包括:《高执行力董事会——会员服务组织治理实践》《治理的意愿：知识、信任与灵活》(The Will to Govern Well: Knowledge, Trust, and Nimbleness) 以及《从认识到行动——引领社团成功的六种新路径》(From Insight to Action— Six New Ways to Think, Lead, and Achieve)。这些书都是以知识经验为基础而撰写的。

虽然有些关于协会治理方面的问题已经在本书的第三章中进行过讨论了，比如：在协会任务目标和战略决策之外采取行动、董事会任职培训以及 CEO 评价。但是还存在其他情况会常常引发董事会层面的问题。这些情况包括：董事会成员在招募和提名的过程中没有经过充分的审核、有利益冲突、有个人事项安排方面的冲突以及糟糕的董事会自评流程。

董事会招募

董事会人员招募工作由许多部分组成，包括：① 确保协会发布了明确的任职条件来吸引合适的人选；② 完善协会工作的岗位职责描述；③ 明确任职的期限；④ 行使提名程序；⑤选举。所有这些招募流程都立当作为协会治理评价内容的一部分。应该由 CEO 与志愿领导来共同创建董事会成员和高管的职务综述、共同进行提名、共同设置选举程序并制定协会所需要的相关规章制度。CEO 应当收集好各种信息或工具来为招募的各方面工作做最好的准备，同时还要带领志愿领导做好应对。

对于董事会的组建一定要经过审慎的思考与探讨，明确何种类型的董事会是协会所需要的。要确切地提出你期望董事会成员所能具备的个性特点，例如：为人正直诚信、拥有智慧才学、能够独立思考、性格风趣幽默、怀揣远见梦想、具备商业头脑、主张公平正义、愿意接受挑战等。然后，通过审视董事会目前的状况，你便能够清晰地知道哪些才是协会未来发展所需要具备的个性特征和工作技能。

你是否需要组建一个领导经验丰富的董事会？组建包含专业人员、资金筹集人、高知名度成员以及协会拥护者的董事会？你是否需要一个由具备这些特点并经验丰富的人员所组成的复合董事会，以平衡经验匮乏的其他那些董事会成员？

协会总是随着时间而变化，这就要求我们要对协会组织定期盘点回顾、进行微调，有时甚至还需要对协会整体的治理结构进行全面检查。组织运转功能的表现就如同人一样，其效力的发挥是一个循环流动的过程，因此随着组织的不断发展我们也应当对其进行相应的检查和更新。为了做好对组织定期检查的工作，你可以考虑成立一个"治理审查特别行动小组"去研究组织运营之下的机制和体系，并判断协会是否需要进行调整或采用新的治理方式。

协会总是趋向于循环式发展，它的每一个发展阶段对于董事会成员的技能贮备来说都有着不同的需求。协会刚开始建立的时候还是全新的、不成熟的。在这一时期，协会制定出配套的规章制度，寻找对新成立的组织充满工作激情的成员来组合董事会团队，打造协会结构组织框架；随后，协会便进入了成长发展阶段，在这一阶段中协会开始招募会员、开设项目并制定政策；最终当协会在财务上达到了稳定的状态、拥有了专业化的员工、实现了政策健全并管理完善、拥有了足够的会员和项目的时候，它便步入了成熟阶段；在此之后，协会还会在组织的评估与重塑过程中持续得到发展和进步，持续性地重新调整组织与董事会成员间的契合度；因此，持续性评估协会对董事会的需求是十分重要的。

一般来说，可以以协会的规章制度为依据来检查那些能够影响董事会招募的组织治理结构。作为一名新任 CEO，你可能会发现协会的规章制度并没有得到很好的执行，或是由于环境已经发生改变导致现行规章制度中的部分规定已经陈旧过时。在对规章制度进行检查的过程中，恰好可以对董事会的组成情况进行审查，因为大多数董事会结构的调整都必须配合规章制度的修订。你应当成立一个特别工作小组专门对董事会的组成进行审查，内容包括：董事会的任职资格、必备条件、岗位职责以及提名程序等。此外，还要确保这些内容被确切地阐明并能满足协会当前的发展需求。CEO 应当密切参与规章制度的审核工作，要常去询问为什么工作要这样进行，并且要提供其他组织的相关范例。

就像 CEO 要具备职位说明一样，董事会、高管人员以及执委会成员也同样应当具备职位描述。协会的规章制度应当为所有职位说明的拟定提供相应的指导依据。每一年你都应该对人员进行职责评估，并将此列为董事会培训的一部分。你会惊讶地发现，有太多的董事会成员从来没有吸纳过有关岗位职责、角色定位以及愿景目标等方面的意见和建议。此外，在每一年重新界定 CEO 与董事会之间合作伙伴关系也是十分必要的。每当新一届董事会成员就位时，协会以前的治理方式便不复存在，它所带来的影响或好或坏，你必须通过定期界定评估的方式来帮助自己做好两手准备。

你可能想要弄清楚如何才能为董事会找出最佳的候选人。这一过程就如同筛选 CEO 一样需要时间并保持审慎。同样的，每一位董事会成员的选定也都应当经过相同程度的监督审查。当你在决定董事会的构成时，应当将人员组合的多样性、职位的任期长短以及人选的名誉声望等因素都纳入考虑范围。

对于董事会所应具备的规模并不存在统一的说法。那些支持组建小规模董事会的人们认为，小型董事会能够确保成员全身心地投入协会工作。而那些支持建立大型董事会的人们所持的观点通常都与协会的传统惯例和政策相关，常常会体现出对财务贡献、区域代表性甚至家族利益方面的需求。我曾见过一个协会允许董事会成员一直留任在董事会中，直到该董事会成员的家人来接替他的职位；我还曾见过一家协会明码标价出售董事会的职位。自从 2011 年以来，许多的董事会在看过了哈里森·科华和玛丽·拜尔斯共同撰写的《突破传统——社团的五项根本性变革》（顺便说一下，此书也是推荐你阅读的书目之一）一书之后，都对董事会规模大小的话题进行过热议和讨论。董事会规模的选择取决于所能发挥的运转效率，人数上能满足高效运转即可。但在此仍然值得一提的是，在当今日新月异的大环境下，小型董事会的灵活性确实令人羡慕。

对人员构成多样化的需求

董事会人员构成的多样化并不仅仅是一种趋势，而是必须。比例代表制的意思是你所构建的董事会能够反映出协会会员群体的组成情况，它意味着协会要在成员性别、种族、经济状况、工作经验甚至是所在地域等方面进行一系列的配比来构建董事会。如果你期望与协会上下紧密相连，那么董事会的成员就应当按比例地反映协会的会员情况。

要注意的是我在此使用的术语是"比例"，而比例相等和数量相等的意思不能混淆。如果协会会员中男性占比 90%、女性占比 10%，那么你就要力求确保协会董事会中至少有 10% 的女性成员。这也同样适用于所有的人口统计，如果协会的会员有 90% 是城市人群、10% 为农村人群，那么相应地协会需要应对的农村事务的可能性为 10%，因此一定要努力吸纳能代表这 10% 农村群体的人员进入董事会。但这并不意味着，仅仅是区域面积更大的代表，就能在董事会中获得更大的影响力。董事会成员的代表性结构体现的是他们所代表的协会会员的构成百分比，是基于一定配比基础上的多样化展现。

成员一旦通过选举进入董事会，他们就不再只是单一选区的代表了。这些董事会成员可能在自己所属的行业领域中具备更为渊博的专业知识，但是他们在行使自己的工作职责时却不应当条块化，而是将协会事业作为一个整体来对待。有许多董事会成员并没有理解这一原则，他们在投票时仍旧偏向自己所在的地区或是分支机构，而欠缺考虑什么才是对协会整体发展来说最好的选择。甚至更为糟糕的是，当他们否定了董事会的某项决议时，还会跑回自己所在的协会分支或自己所在的地区，向所有人宣告：尽管董事会的其他人都同意这项决定，但我依然反对了它，打造出了一种"我方赢了对方"的感觉。

你可以建立一个矩阵表来对董事会目前的人员配备情况进行检查，并判断出董事会席位是否存在空缺。你可以收集相关信息以便对董事会构成情况了然于胸，这些信息内容包括：年龄、性别、成员所属单位规模、所属会员类型、入行时间、任期年限、所属地区、资历或文凭、种族、董事会任职经历以及入会会龄等。如果你发现董事会成员全部是某一年龄段的男性，那么董事会就可能无法体现出应有的多样性。当董事会发展委员会或提名委员会开始为董事会物色人选时，他们可以通过参考董事会人员矩阵表，知晓哪位成员将要离任董事会，并且掌握哪类资质可能是下一届董事会所需要具备的。

董事会提名程序

董事会的提名程序可以通过多种方式来完成。有些协会的做法是向那些已经确认符合组织条件的人员发送非正式邀请；有的协会是请其地方分支机构或分会提交候选人名单；还有的协会通过提名委员会进行提名；此外，仍然有协会把董事会竞选打造成一场盛大的政治竞赛。我个人并非方方面面都精通，但对于多样化的董事会提名程序，我能够确认的一点是不管哪种提名程序都应当在协会的规章制度中进行明确的阐述，并且整个提名流程应当是公开透明的。

下面，我们以得克萨斯州社团管理者协会的年度提名计划为例：

1. 规章制度写明了董事会候选人的必备条件和任职资格，写明了如何进行申请。

2. 规章制度写明了提名委员会的职责及选举时间表，包括寻求提名阶段、委员投票阶段（针对董事会提议的候选名单）、参选者公开无记名投票阶段。在规章制度中还解释了如果有人对候选人提出反对意见时的处理方式以及如何提交请愿书来对候选人提出异议。得克萨斯州社团管理者协会在其规章制度中明确了提名委员会的选择权力，因此董事会成员不能由个人或是某个小利益集团进行提名。

3. 董事会成员的提名倡议要传达给会员、发布在网站上并且要通过会刊和邮件进行公示。在提名倡议公告中要明确表述董事会的空缺席位数量、任职资质、工作预期、申请方式以及申请和投票流程的时间安排。

4. 候选人需要在一个申请模板上提交资料，模板中列出了所有候选人都必须回答的特定提问。之后，提名委员会将对所有申请资料进行审核并对候选人进行排名。

5. 提名委员会缩小申请者范围，然后邀请进入最终角逐的候选人参加与提名委员会的面试。

6. 提名委员会对面试的候选人进行评估定级、做出选择，然后将名单连同每一位的合同条款一并提交给董事会进行最后的审批。之后，要在一定时限内将候选人名单交由全体会员批准，如果无人反对的话，那么他们将正式取得候选人资格。

如若会员们不清楚董事会是如何产生的，那么你就应该去关注并解决这个问题。公开董事会提名的时间安排、董事会空缺数量、董事会会议次数、工作时间要求、有资质竞聘董事会的人选、董事会岗位资格条件、申请方式以及面试流程等，这些信息非常重要，能够让会员了解到如何亲身参与董事会的选举工作。

董事会提名工作的最佳实践模式是：每一位选举出来的董事会成员将在预定的任期内就职（一般情况下任期为三年），并且成员们的任期是交错重叠的，这使每年董事会中的人员数量呈现出轮班交替的情况，即在到任成员离开的同时还有新任成员就职。

有时一些 CEO 会跟我诉苦说他们实在是找不到合适的人选来为董事会服务，所以只能在董事会成员没有变化的情况下让同样的成员继续工作一段时间。每当我听到这样的说辞时，心中总会泛起一阵担忧。在这一现象的深层蕴藏着一个更大的问题：是不是董事会的任职条件过于苛刻？比如，候选人是不是要满足一定的协会会员年限（也许是 10 年时间），并且还要具备多个委员会的工作经验后才能进入董事会？是不是因为长期没有人员变化，董事会已经被大家认为是一个"老男孩俱乐部"了？是不是由于候选人必须为协会提供一大笔财政支持才能进入董事会工作，因此将那些无法承担这些费用的人排除在候选人名单之外？是不是因为董事会工作需要占用大量的时间？请对董事会提名程序进行仔细公正的核查，必要的话再进行一个总结，然后再判断会员不愿意进入董事会工作的根本原因。

利益冲突及其他政策

一个治理情况优秀的组织拥有深思熟虑的政策，这些政策能够用来应对董事会的实际工作还能够作为协会的指导方针使用。对于许多董事会来说最重要的就是要深刻地理解利益冲突政策。

在我任职过的一个协会中，有一位董事会成员曾建议让所有的董事会和委员会的差旅出行都通过某个旅行社来预订，以代替成员自己花费时间来解决机票和酒店的问题。虽然这看起来似乎是一个很好的建议，并且董事会也赞同并使用了这家受到推荐的旅行社，但是提出建议的这位董事会成员并没有透露他妻子是这家旅行社合伙人的这一事实。大约在一年之后，这个情况被人们所知，但是由于董事会感觉这家旅行社提供的服务还不错，因此大家继续同意和这个机构合作。但是从严格意义上来讲，这个事情中所出现的第一个错误就是，这名提出建议的董事会成员没能向大家公开披露他与这家旅行社存在的利益关系以及其可能通过这家旅行社的差旅预订服务所获得的金钱收益。如果你认为这个事情的错误之二是董事会继续同意了与这家旅行社保持合作关系的话，我也没有异议。但是由于这名成员与该旅行社的关系在之后被完全披露出来了，因此有的人可能会争辩说董事会是在充分知晓事实关系的情况下，做出的继续与该旅行社进行合作的决定。因为这个协会没有解决利益冲突的机制，如果他们制定了配套的利益冲突政策的话，那么关于这一事件的处理结果与讨论就可能会大不相同。

协会的政策应足以保护董事会的利益，并能够反映出前任董事会的工作成绩。对于现任董事会成员来说，了解和掌握前任董事会都曾经批准设立了哪些治理政策是非常重要的。政策有助于诠释和体现协会的规章制度，阐明哪些事是董事会成员可以做的、哪些是不能做的。董事会制定的政策内容可以从协会的会议纪要中调取。要让这些政策易于人们参考，可以从会议纪要中拷贝有关政策的内容并将它们纳入协会的政策指导手册，根据其中的部门分类列出政策清单（包括财政、管理等方面），还要涵盖政策制定出台的日期。然后，将政策指导手册作为董事会任职培训的内容，学习并回顾其中的关键政策。

2002 年，美国国会制定颁布了萨班斯·奥克斯利法案 [1] 用以保护股东和公众免受企业中会计差错和欺诈行为的影响，提升企业信息披露的准确

---

[1]　萨班斯·奥克斯利法案（Sarbanes-Oxley Act），起源于美国安然公司倒闭后引起的美国股市剧烈动荡，投资人纷纷抽逃资金。为防止和保证上市公司财务丑闻不再发生，由美国参议员萨班斯和美国众议员奥克斯利联合提出了一项法案，该法案即以他们的名字命名。——译者注

性。这一法案的出台在非营利组织之间及其董事会范围内引发了大量的讨论，但是目前该法案还无法适用于非营利组织。不过，该法案作为最佳的实践范例，许多协会都自发地认可了该法案的原则。那么，关于萨班斯·奥克斯利法案你都需要了解哪些内容呢？

除了举报者保护条例和文件销毁条例（两者在后面都有所描述）这两个条例外，萨班斯·奥克斯利法案中其他有关组织工作方面的程序准则只能运用于股票公开上市的营利性公司中。因此，除上述两点例外之外，萨班斯·奥克斯利法案并不适用于非营利性组织的运营管理。

萨班斯·奥克斯利法案禁止上市公司和非营利组织打击报复举报者。任何举报公司在财务管理和雇用制度方面存在不正当行为的人都是受到保护的。公司不能对举报自己不正当行为的任何员工施以开除、降职、停工、扰乱或者不予晋升的处理，哪怕这些举报被认定为不具有事实根据，举报人也同样受到保护。唯一的要求就是举报人须持有合理的理由相信或怀疑，在他提出控诉时组织做出了不当的行为。

此外，萨班斯·奥克斯利法案还将上市公司和非营利组织故意销毁内部文件以阻碍官方诉讼和调查的行为认定为是触犯联邦法律的犯罪行为。该法案并没有禁止所有文件的销毁，但是它确实强调了组织对文件保管政策的需求。任何涉及政府调查或强制执行程序的组织都应当非常谨慎地对待组织内部文件的销毁工作。

除了这两项政策之外还有一点非常重要，就是要清楚虽然这项法案未适用于非营利组织，但是许多非营利组织可能仍希望遵循该法案的方针，因为其代表了先进的管理实践。

从广义上来讲，为了减少潜在的风险，董事会应当对下面这些政策进行讨论和审批：

- **职业道德规范政策**。适用于董事会、会员、管理人员以及员工的高标准职业道德行为准则。
- **利益冲突政策**。确保董事会和员工充分公开所有的利益冲突。明智的董事会会在任职培训或是董事会会议期间讨论一些有关利益冲突的案例。比如，A 协会的董事会正在考虑设立一个认证课程项目，而该董事会的一位成员在 B 协会的董事会中也有任职；B 协会所设立的认证课程与 A 协会当前要计划设立的认证课程拥有相同的受众群体，像这样的相关情况该成员就应当向 A 协会的董事会进行披露。届时，A 协会的董事会将就该情况是否涉及利益冲突以及该成员是否需要针对讨论与表决环节进行回避公开讨论。

- **反垄断政策**。该政策禁止协议、合作或是密约涉及贸易限制的内容。协会从其根本性质上来讲，就是一个由同行竞争者组成的"共同体"，因此协会中发生垄断行为的因素总是客观存在的。因此，协会的任何一个不合理的贸易限制行为，都可能构成一种垄断。因此要提醒董事会避免就行业价格、收费标准以及联合抵制行为上达成一致。另外一种情况是，会员资格的授予必须基于协会公开发布的资格标准来办理（即根据协会规章制度办理），否则一律无效。最后，在处理获取会员福利待遇的问题时，你必须向非会员提供与会员们本质相同或是基本相同的福利待遇。不过，你可以向非会员收取更高的费用。

- **举报者保护政策**。当施行举报者保护政策后，员工或董事会成员才能放心地就组织在职业道德方面或是财务行为方面提出自己的质疑。这个政策应当明确举报者提出这些问题的方式与方法以及如何阻挡对举报者的报复行为。

- **文件保存与销毁**。文件保存与销毁政策确定了员工、志愿人员、董事会成员以及外部人员的记录保存职责，以维护与记录协会的文件资料以及相关的销毁情况。美国国税局 990 表会询问协会是否具备文件保存与销毁的政策，为了能拿到美国国税局的免税优惠政策，你一定希望协会在这个问题上做一个肯定的回答。协会留存记录的示例表可参照本书第八章中的内容。

要明确一点，政策并不是工作程序，程序是一种由员工推动发展而来的行政职责。比如，程序确定了备份计算机数据的操作步骤或是发展一名新会员的工作步骤。

董事会评价

应当允许董事们为改进董事会会议而提出反馈意见，这样能让他们真正地感受到融入其中并贡献力量。在每一次董事会会议结束之后，面向董事会成员们就会前交流情况、议程安排和会议背景资料、会议形式、会议内容和讨论情况以及战略规划讨论情况等内容开展问询调查。在调查中让参会者评估他们的会前准备情况（比如他们是否阅知了董事会材料）和会间参与情况。对于许多协会的董事会来说，这种调查反馈极具启发性，能令人大开眼界。对于 CEO 和董事会主席来说这是一种有价值的情况反馈，如果反馈恰到好处的话，他们就会进行参考并做出改进。

问询调查会指出你是否为会议准备了充分的背景材料或是安排了充足的讨论时间。我们在得克萨斯州社团管理者协会的会后调查中收到并改善的一些简单建议包括：通过电子邮件向董事会成员发送每次会议安排的日程提醒；为员工制作姓名桌签并给他们发送一份董事会文件包内的日程拷贝，这样他们就可以在会议上用笔记本电脑来回切换所需的信息内容。

第七章　与董事会共事

　　要有选择地奋战，要经过深思熟虑后再选择你的工作重点方向，应该明确哪些是值得你立即着手去做的事，哪些是最好先搁置下来的事，尤其是在你还未充分了解协会，还未赢得足够的信赖之前。

——埃德·利奇（注册社团管理师），美国国家员工与组织发展研究所执行董事

　　正如前面几章所言，与协会的董事会合作并非易事。无论是任职CEO的第1年还是第25年，所有的协会经理人都会在与董事会或某些特别的董事共事时历经过一些艰难的时期。

　　乔治·艾伦（注册社团管理师）已经就任得克萨斯公寓协会（Texas Apartment Association）执行副总裁这一岗位长达25年了。当其他协会领导谈及任期如此之长的CEO时，他们总会疑惑，这位CEO是如何在这么多年的工作中"幸存"下来的。"幸存"这个词在这里似乎会让人感觉到有些奇怪，就好像CEO一直在与协会的志愿领导们不断争斗一样。没错，确实有那么几年要经过一番努力才能与董事会主席或是董事会建立良好的合作关系，但是艾伦解释说："服务董事会这么多年，归根结底就是知道了哪些才是最需要得到解决的问题，何时才是表明自己立场的最佳时机以及哪些资源可以被用来帮助自己实现目标。一名成功的经理人在遇到与领导层的意见分歧时，必须要具备保留自己意见的能力；但是在需要让领导层集中精力应

对关键目标以及协会核心任务时，经理人也要有意愿表达出自己的观点。但永远要记住，协会是属于会员的，不是员工，没有什么能比会员的利益最大化更为重要。"

打造成功的 CEO 和建立良好董事会关系的小贴士

与董事会合作会给 CEO 带来不同寻常的挑战。协会组织与企业组织之间极大不同之一就是，协会的志愿董事会主席每年（或每两年）更换一次，并且董事会人员也在不间断地流动变化着；而在企业董事会中，成员们可以任职很长一段时间。通常情况下，协会的董事会是有任期限制的，因此每一年度董事会成员都会在来来往往中进行流动变换。作为一名协会 CEO，你的工作就是协助新任的董事会主席和新组建的董事会开展工作，并为他们提供工作所需要的连贯性；但遗憾的是，有时一些 CEO 会滥用他们的职权，直接接管管理职责，并把董事会蒙在鼓里不让他们了解工作的进展情况，不顾董事会的期望肆意操纵协会工作。你所要希望建立的应该是一种伙伴关系，一种能推动协会向前发展的协同合作关系，这才能符合协会的利益。

了解董事会主席，与其搭档并懂得处理这样的合作关系非常重要。经验的意义远大于技巧，然而这种经验也只有你才能获得。因此你的工作任务就是要在每一年里与每一任董事会主席、每一届董事会成员都建立良好的共事关系。有趣的是，往届董事会主席甚至在离职数年后仍具有很大的影响力。如果你在某位主席的任期内工作的赞誉有加，那么他将成为你有力的支持者，提供建议助你抉择。相反地，如果你与董事会主席的工作关系不佳，那么这种不和谐的因素能够持续恶化许多年，甚至还可能会导致 CEO 被免职的情况。

你要将自己所有的工作行为都透明化、公开化。一旦出现错误，这一点将显得尤为重要。对于工作中出现的任何错误，你都应当勇于承担责任，不责怪他人。

在与董事会共事的过程中，出现意见不合的情况往往是有益的，但是要做好受到批评的准备。如果董事会（或是某位董事会成员）对你的工作提出批评，请不要急于辩解。你可以要求董事会给你一个澄清事实或是提供相关信息的机会，或者是向董事会询问更多问题以便找出他们提出担忧的深层原因。在与董事会意见不统一时，很容易因为头脑发热而意气用事。所以我要建议你的就是，职业经理人的身份认同能够让你在这样的争端中沉着冷静下来。

你的任务是推动协会工作向前发展。依据协会的发展周期，帮助董事会了解协会现状。比如，协会组织是否处于发展的成熟阶段，是否需要对其长期沿袭（也许是老旧过时）的工作惯例进行评估？组织是否处于刚刚起步阶段，是否需要为组织注入资源、招揽会员并且搭建构架？也许组织正处于稳定经营的状态，需要一些想法来改变现状、吸引年轻会员、合并其他团体或是寻求不同的关注点和工作任务。上述的所有情况，在你领导协会的职业生涯中都可能遇到，对于每一个发展周期而言，你都可以就其中的问题和挑战与董事会进行商讨并制定组织发展规划。这些讨论能够培养并带动大量对工作的投入与沟通。

当谈到与董事会共筑成功基石的时候，其归根结底还是要建立信任。要建立你与董事会、会员之间的信任，当然还有员工的信任。但是，在一开始你还是要首先注重建立与董事会主席、执行委员会以及与董事会之间的信任。

当你感受不到董事会的支持，当他们避开你去大量私下沟通，当他们回避你的问题、不接听你的电话，当你似乎未能达到他们的期望与要求，当他们不再倾听你的想法意见，甚至当你在缺席的情况下就召开会议，这些危险的信号都表明了他们并不信任你。很显然的是，当你无法获取他们的信任时，你 CEO 的位置也将坐不长久。

那么你该如何赢得大家对你的信任呢？有时，CEO 被任命的初始是富有信任的，但是随着零沟通、不倾听或无视董事会要求的情况发生，这种信任就会逐渐丧失。有时，CEO 必须去赢得信任，而打造牢固信任关系的过程可能需要耗费很长的一段时间。当已卸任的董事会主席来为你提供建议，当董事会认可并支持你的想法，当你可以与董事会主席进行开诚布公的谈话，当你与董事会完好地实现了协同合作，此时，可以说你拥有了一个充满信任的工作环境。

走好第一步

你一旦被录用为 CEO，董事会所能做的最有意义的事就是给予你一份董事会入职计划。这一计划应当足以让你对董事会产生充分的了解，并让你融入第一周或第二周的董事会工作中去。如果此时即将离任的执行董事还在岗的话，那么在计划中应当概述出卸任人员将要如何协助你上手 CEO 的工作，包括：把你介绍给协会会员和关键联系人（监管者、游说者、注册会计师、审计师等）；协助你对协会项目和活动现状进行审查以及熟悉办公环境等。如果前任 CEO 无法提供这样的交接工作的话，那么其他董事会成员的帮助也能起到类似的作用与效果。对你来说，最佳的情况就是能够依照一份新任 CEO 的学习框架，在上任最初的两周里与熟悉协会工作情况的志愿领导共事。如果董事会并没有为你设置入职计划，那么就应该由你自己来向他们提出任职培训的要求。

根据调查以及我的个人经验来看，新任 CEO 在任职时从董事会那里几乎得不到什么帮助。在布利吉斯潘集团（Bridgespan Group）2014 年的调查项目中，受访对象普遍认为非营利组织的董事会对协会工作漫不经心，并且不能对协会新任领导提供支持和帮助。董事们认为你懂得该去做些什么。有些协会董事从未有过雇用别人的经验；有些董事则是在近几年内都没有从事过招聘的工作了。因此，一旦协会新晋领导走马上任后，董事会通常想到的就是赶快摆脱繁重的工作去躲清闲，尤其是招聘工作本身就已经让他们精疲力竭了。尽管如此，你仍然需要时间来学习和适应 CEO 的工作，需要董事会来给予你指导和帮助。作为董事会入职学习的一部分，你需要

知晓最初的半年内首要的工作内容是什么，董事会应当帮助你来设置这些工作的日程。

理解并达成一致愿景

你应当就协会的关键项目和 CEO 工作中的优先事项与协会的执行委员会进行充分沟通讨论，并将这些内容整理为文件。全体董事会应当知晓这些内容并由他们予以批准。这个规定了协会核心工作内容的文件应当作为你60 至 90 天工作评议的参考。遗憾的是，我们常常见到有的董事会根本不清楚协会为什么要雇用 CEO。他们聘用了 CEO 来承担协会管理工作，但却未能明确哪些工作应当优先开展。如果你遇到了这样的董事会，那么就应该由你自己来搞清楚他们所希望你做的工作是什么。如果你未能向董事会明确上任半年内的工作目标，那么可能就会招致董事会对你工作的批评、累积下大量的潜在工作压力并被冠以欠佳的工作评价，因为每位董事都有着不同的期望，而你却未能给予他们你的观点。

没有这样的文件？那么你可以根据下面的建议来制订一份。如果你有自己的团队，要找出他们最关心的事情是什么。然后将这些建议与董事会主席做一个沟通，去寻求员工与董事会主席之间的一致性意见。如果你从员工那里得不到任何指引的话，请告诉董事会主席你需要与董事会一同制定工作目标来迈向成功。

你要摸清机构当前的现状，是否存在着亟待解决的紧迫问题？如果没有的话，那占机构主要收益来源的那些业务是否需要进行审查？组织一年一度的年会是否正在进行筹备？会议的赞助方是否都落实了？款项是否都到位了？协会是否需要为即将召开的立法会议或是即将到来的监管审查做好准备工作？下一次审计工作是什么时候？只要你与员工或董事会主席就接下来半年的工作内容进行探讨，工作任务的清单就自然而然地产生了。

你要对协会的战略规划情况进行检查。要了解清楚一些问题，比如是否存在着没有完成的工作？这些工作任务有优先权吗？还是有更重要的工作要优先进行？在讨论这些内容的基础上，你与董事会主席就能大致列出优先事项的框架了。

制订工作任务与优先次序的文件还可以作为评价 CEO 工作的重要参考。当你开始探讨工作优先权的问题时，要确保所探讨的任务目标足以影响董事会对你的评价。当这个文件被审批通过之时，就是你开展 CEO 工作的号令响起之时。如果你与董事会的首次会面没有探讨效绩评估问题的话，那么之后一定要通过沟通来明确对你工作进行正式评估的时间和方式，设定具体的评估日期和选定评估工作的负责人。如果你赞同了相关的工作优先权，那么你的绩效预期和工作目标就是清晰明确的，这也为董事会评估你的工作提供了一个具体的衡量指标。

不要因为董事们没有对你进行绩效评估或者是没有对你设置评估计划，你就想当然地以为他们满意你的所作所为并信任有加。评估 CEO 的工作绩效是董事会的职责所在，如果他们对此没有设定任何计划，那么你要做好提醒工作。在你任职到 60 至 90 天时，向执行委员会提出进行工作绩效评估的要求，然后在你任职 6 个月后请求他们对你的工作表现做出正式评价。如果协会不具备 CEO 工作绩效评定表，你可以将州级协会的工作评定表拿来做一个参考。前 6 个月的 CEO 工作可能会在一片匆忙中度过，但请相信我，你需要来自执行委员会或董事会的反馈——书面的反馈。

建立关系

与董事会主席建立一个良好的伙伴关系十分重要，但是打造和维系与全体董事会的良好工作关系也同样必要。如果你知道候任主席的选择范围并了解其将在一年后自动升任董事会主席的话，那么你就把握住了与主席建立工作关系的重要先机。你应当在候任主席成为协会董事会主席之前的 4 到 6 个月里，跟他聊一聊即将到来的这一年的工作情况。你可以计划与候任主席进行一次商谈，列出需要进行审查的工作项目清单。需要注意的是，如果对于协会组织来说你是位新晋人员的话，那么你需要赶快进入角色并与协会的现任董事会主席就工作项目进行一场对话。与董事会主席共同规整协会的工作事项可以加深你们对彼此的了解，并能找到你们共事的最佳方式。你要请教董事会主席去了解他的工作目标以及这些目标是如何与战略规划进行契合的；此外，你还应该就工作任务、规章制度、组织政策以及经费预算等内容与主席进行探讨。董事会主席是否对协会的财务状况了然于胸？他（她）是否了解协会的储备金以及最大的收益来源？他（她）有什么特别关注的领域吗？

需清楚主席和候任主席想要如何与你进行工作互动，要明确到细节。比如，主席与你交流的频率是多少？每天？每周？一天的哪个时间段？他喜欢电话交流、视频交流还是只喜欢往来邮件进行交流？

在与候任主席进行沟通时，要和他一起回顾有关董事会主席的所有职责任务，包括：差旅计划、会刊文章以及所要进行的演讲等。在讨论时要和候任主席确认他是否能够胜任组织发言人的角色，明确他是否需要演讲培训。确认发言人的职责是否可以对 CEO 委派，或是在协会的规章制度中明令禁止了这种行为。你要和候任主席一同查看日程安排，这能使他们了解自己在正式升任董事会主席后所要面临的工作安排，尤其是有关董事会会议和协会年会的日程安排（注意：在你确认候任主席能否出席之前，不要安排下一年度董事会会议的具体日期）。你还要检查有关董事会的费用偿付政策（如果协会配套此政策的话），并要查看主席和候任主席在参与活动时安排的住宿和差旅情况。你应当尽快确认有关董事会会议的一切细节安排。另外，你还要和候任主席沟通有关执行委员会的事宜，如果执行委员会委员由即将转正的候任主席提名的话，那么这项工作的时间安排又该如何呢？

记下你遇到的所有人的喜好，包括他们对食物和饮料的偏好，是否爱饮酒，或是有其他一些特殊的爱好。如果你能有幸见到协会管理层人员的家属，那么这将对打造和谐工作关系更为有利。有些协会标榜"以家庭为中心"的组织文化，因此许多的活动都会有员工的配偶、朋友以及孩子出席。而有些协会则完全专注于业务内容，因此他们的组织集会鲜有员工的家庭成员参加。

作为一名新任CEO，你应当弄清楚自己需要向董事会进行工作汇报的频率，以便使他们保持信息更新。有一个州级协会的董事会在短短的几年内历任了好几位CEO，因为他们要求新上任的CEO就每周完成的所有事项呈送相关的进展情况报告。董事会在以前的工作中被搞得精疲力竭，因此他们希望确保这位新上任的执行官能够发挥他应有的效用。他们也知道这样的工作汇报安排可能被视为不近人情，会让CEO的工作过度劳累，但是他们相信董事会与CEO之间的信任一旦建立，不出几个月这样的工作汇报频率就会逐渐降低。其实董事会需要的是一种对CEO工作的证明和认可，而且作为CEO也应当清楚，要想在工作上取得成功，自己也需要向董事会进行这样的情况汇报。

此外，你还要与协会的现任主席和候任主席就如何处理与董事会成员的相左意见以及如何正视自己的岗位角色等事宜进行讨论。例如，如果协会的董事会成员对你的工作管理得过分宽泛，或是在董事会会议上对你提出大量五花八门的问题，或是在网上对你进行负面评价的话，那么你要和董事会主席进行讨论并明确到底由谁来负责出面处理这样的行为。最好的解决办法就是由董事会主席出面，以会员对话会员的形式来应对这样的局面，而且最好在问题出现之前就对这些情况进行讨论。你需要查阅协会规章制度中有关董事退出机制的表述，如果规章制度里没有涵盖这一问题，那么你可以向协会律师请教有哪些法律条款能够加以适用来解决这样的问题或是在法律空白的情况下应当如何应对。

与协会领导共事有意思的地方就是大家一起来设定新的领导议程。与会期间，你们可以一起探讨协会的哪些战略成就令他们兴奋以及哪些工作他们渴望参与其中，一起探讨执行委员会应该如何发挥作用，共同研究协会是否需要在沟通机制、报告制度以及其他的工作程序方面进行调整变化。这一连串的问题看起来似乎会让新任的CEO感到不知所措，但是你要记住一点

"信息就是王道"。所寻求的每一个答案都会令你越加清晰，慢慢地，你就能摆脱新人的阴霾并将能认清自己新角色定位的全貌。

感受组织文化

CEO任职初期并不轻松，在这个阶段你必须要应对协会的制度传统、惯常的倾向，还要处理部分人的潜在担忧——担忧你将损害他们的协会。因此，了解协会情况并感知其组织文化对你来说是至关重要的。记住要在办公室、会场以及活动现场拜访董事会成员，与他们沟通交谈建立人际关系将贯穿你的整个CEO职业生涯。此外，跟随董事会成员体验他们的日常工作对你来说也有益处。与卸任董事会主席和董事会成员一起聊聊协会的运转方式、发展过程、未来愿景以及前任的CEO是否在其中的很多方面进行过有效的探索和实践。如果大家对你的前任高度认可的话，那么你应当认识到在缺少董事会成员支持的情况下，自己应小心谨慎地开展关于协会的调整完善工作。你还要以同样审慎的态度对待就任CEO第一年内的任何事情。协会的许多传统活动都是由志愿领导所创立的，如果在他们没有参与讨论的情况下你就对这些活动进行调整，那么这可能会让你陷入水深火热之中。你所面临的难题就是要知道自己在不同的情势下所应当去采取的行动。这一点非常重要但通常也很难去衡量判断，因此我要再次强调，在工作中一定要做到多听多问。

在与董事会共事的过程中，借鉴和参考成功组织的做法是很有帮助的。根据美国社团管理者协会领导力中心出版的《成功之道——协会运营的七大法则》（*7 Measures of Success — What Remarkable Associations Do That Others Don't*）一书中的说法，一个优秀的协会应当达到如下要求：

1. 理解他们的使命。
2. 使命为先，非利益驱动，能将不多的几件事做得非常出色。
3. 不主观臆断，而是以数据事实说话。

4. 具备深厚的组织文化。

5. 领导者追求影响力的施展，而非控制力。

6. 寻求会员的参与度。

7. 具备"停办事项清单"（在协会有新的工作任务加入进来的同时，必须从当前"办理事项清单"中移除某些工作事项）。

8. 能依照规章进行调整，并知道什么是不能改变的。

9. 不是革新者，而是出色的执行者。

10. 谦逊。

董事会会议

董事会会议的召开频率应当在协会规章制度中予以明确。在两次董事会会议之间，协会的执行委员会通常有权代表董事会对协会事项做出决定，这些决定将会在下一次董事会会议上得到批准。你要查阅协会规章制度，以确保这些工作流程已经纳入协会的管理文件当中。如果这些内容在文件当中没有涉及，那么你需要与董事会主席商讨如何在两次董事会会期之间完成协会的有关工作。理想的情况是，规章制度明确了你的工作程序，但是如果文件中缺乏此方面的内容，你就要在规章制度修订之时，将完善董事会会议程序等有关内容纳入议事日程上来，以便对管理文件进行补充和完善。

没有什么能够比效率低下的会议更能让董事会士气低落的了。浪费他们的时间要比你想象得更具有破坏性。相反地，活跃有效的董事会会议能够激发整个组织的活力。因此，你应当精心准备每一次董事会会议，会议议程体现了协会事项的责任划分，还同时是董事会会议纪要的框架大纲。当你制作会议讨论事项框架时，试着预测每一项议程所需的时间，注意为每个议题安排充足的讨论时间。

在列出议题框架后，你要与董事会主席一道制定会议议程。在将议程提交给董事会之前，主席的参与和审查是非常重要的。每次都应该在会议召开之前完成董事会会议议程及相关文件的发布。一般来说，会议材料在会议召开前一周发布即可，但是你还是应当征求一下董事会主席和执行委员会的意见。如果有与会成员正在差旅中的情况，那么你要确保给予他们充足的时间阅读会议材料以便获取信息。

要收集涵盖全面综合信息的董事会会议资料包需要花费大量时间，其中包括需要完成的报告、财税事项以及需要进行调研编辑的背景资料等。要想举办一次高效的董事会议，董事会成员应当在事先就对这些会议资料进行学习。我知道，当今大多数协会都是以电子资料包的形式发送会议资料，或是注册 Dropbox 云平台和 Google 账户以便董事会成员可以对会议资料进行线上浏览。如果你所在的协会组织也以这种线上电子化形式发送会议资料的话，那么你应当向董事会发送阅览提醒，以便确保董事会成员能够访问所有的线上资料，并且提醒与会人员参会的时间和地点。

你要与董事会主席商讨决定会议的时长，还要了解董事会会议的惯例时长是多久。由于每个董事会的情况各异，因此会议时长并没有所谓的统一标准。一般来说董事会会议的平均时长为 3—4 个小时，但是许多协会会召开全天性的会议，而有些协会则将会期延长至 2 天。需要谨记的是，你可能无法改变所参加的第一次董事会会议中的任何事项，尤其是当会议安排已经被提前设置，董事会成员们也已经预定了航班机票并预留出了他们的时间。但如果你认为对会议进行实质性改变是有益处的，那么你可以与执行委员会就这一议题进行讨论并安排董事会对你的提议进行审核。

你需要了解一下董事会会议是否存在社交层面的问题。比如，是否通常在会议前一天的晚上安排晚餐？或是安排高尔夫球活动？早餐或午餐是否包含在会期之内？你能越早地了解到这些信息并通知董事会成员相关活动安排的话，他们就能越好地安排出自己的计划。

如果董事会主席是新近上任的，那么你需要明确一下他是否能够胜任主持会议这项工作。因为有些志愿领导从来没有主持过会议，因此这可能会让他们感到惊慌失措。你要帮助董事会主席了解会议期间每天的工作流程以及会议议程安排的方方面面，预测在会议期间可能引发争议的情况，并对可能出现的意外情况进行探讨。要确保你和董事会主席了解会议提案动议的产生过程，并且知道如何优雅但坚决地减免不必要的会议讨论。

你要考虑为董事会主席提供一份附带说明的议程安排以供他单独使用。我就任 CEO 时常常就某些项目做一些简短注释，并把他们添加到主席的个人议程中，以便为他们进行提示。与主席一起审查协会以前使用的议程格式和框架安排，并与主席一同讨论你关于改进完善会议议程的建议。如果议程规划具有选择性的话，那么你可以考虑将议题分为三个组别：

- **行动议题**。这一部分中所包含的议题是需要董事会进行投票和批准的，并且可能还包括上一次董事会的会议纪要、协会的财务报告、年度预算以及审计等方面的内容。所有向董事会提交请求获得批准的报告都应当包括提议人、历史或背景情况、问题总结分析以及财务影响等方面的信息。

- **讨论议题**。这一部分议题中可能包含协会战略规划的更新完善、对未来发展的思考建议以及立法更新。关于这些议题报告的具体情况（包括议题的内容是什么？应当如何发展以及我们要做些什么？）应体现在文件当中。在开会时要给出议题的背景情况介绍，然后提出需要探讨的问题（期间还要明确所讨论的问题是否清晰？是否需要更多的参考信息？会上的行动议题是哪些？）。要以战略性的眼光进行讨论。在会上讨论委员会工作，或更糟糕地去讨论有关会议主题或是董事会"静思活动"选址等琐碎的话题，这些内容都应当避免出现在董事会会议上。

- **信息议题**。这部分内容包括协会委员会工作报告或是员工工作完成情况。通常情况下，对于作为董事会会议材料的这部分内容不做讨论。所有关于委员会和员工工作情况的汇报内容，都应当纳入董事会会议材料中于会前发送给董事们，以便他们提前阅知。这部分内容仅仅作为参考信息，除非其中含有对工作的意见和建议以及需要实施的行动时才会被列入讨论。

审查与监督

我喜欢在召开会议的前几天与董事会主席一同对会议资料的内容进行检查。主席能够看到所有将被纳入董事会会议材料的内容，并要求我对这些内容进行详细说明。主席作为董事会会议的主持者，他必须对材料中的背景情况以及需要解释的内容谙熟于心，并且还要对每一个报告的意图有所了解，知道哪些属于行动议题、哪些属于讨论议题或信息议题。开会时最糟糕的状况就是，当进入某一项议题时，董事会主席没有掌握任何关于这项议题的信息并显得惊慌失措。千万不要让主席陷入这样的窘境。

对你来说重要的事情之一就是要清楚董事会主席才是会议真正的主持者，而不是 CEO。因此，应当由董事会主席负责召集主要负责人来提供工作报告或进行情况说明。也就是说，这对于坐在主席身旁的 CEO 来说很有益处，因为有主席来负责会议的主持，这样你就可以在一旁进行记录或是做好对主席的提醒工作。我曾经听到有协会的 CEO 说，他们协会的董事会主席并不参与董事会会议的主持工作，或者是直接要求 CEO 来代为主持。作为 CEO，你的工作就是要帮助协会的志愿领导，为他们提供主持会议的相关培训，并且在他们感到力不从心时给予支持和鼓励，不要让他们将这项工作职责委派给你代为执行。这样当他们的任期结束时，这些主持董事会会议的经历将成为他们自豪与成长的源泉。

永远要做好计划来应对董事会会议中的突发状况。如果在讨论争议话题时出现了群情激愤的情况，那么要有准备地叫停会议。这样能够为董事会主席提供一个契机来重新分组进行讨论，或是使主席有机会与那些争论不休的人进行交谈以平抚他们的情绪并倾听他们的担忧。

会议纪要

撰写会议纪要的目的，是为了把董事会下达的决定和采取的行动转化成为一种正式的文件记录。会议纪要将为所有出席和缺席的人员提供会议的记录信息。会议纪要并不意味着要对会议上每一个人的言辞进行精确记录，应当记录的是会议的决定而不是整个讨论过程。因此，你无须在会议纪要中表明提议人和附议人具体是谁。但如果董事会成员希望将投反对票的情况记录下来的话，这时你才需要将具体情况写明在纪要当中。

你可以利用会议议程来编撰纪要大纲。在会议纪要中，议程里每项议题的后面都应当附加关于它讨论和决议情况的说明。纪要中应当包括：出席人员、会议时间和地点、讨论事项以及包含提议在内的所采取的行动。此外，在纪要中还要写明会上所有的发言及报告情况，包括发言人和报告人以及董事会对他们提议内容的讨论情况。会议纪要的内容一定是简明准确的，这样一来，不论人员参会与否都能了解掌握会议所做出的决议。另外，你还可以考虑将会议纪要作为董事会的历史记录进行留存。

闭门会议

闭门会议这个主题会让某些人感到迷惑和紧张。最坏的情况就是，当董事会召集举行闭门会议时，CEO 发现自己成了局外人，他被要求离开会议室以回避会议内容，而当他重新回来时，董事会却宣布不再聘用他担任CEO 一职了。

这种困惑包括召开闭门会议最基本的前提条件标准模糊。召开闭门会议自有其目的，不过一部分董事会以如此的方式召开会议，却很难说它到底是好还是坏。一般情况下，董事会都是在缺乏明确目的的情况下召开闭门会议的。应当确定的是：闭门会议的目的是什么？参会人员的范围是什么？此类会议是定期召开还是按需举办？闭门会议作为协会管理与决策制定的组成部分，应当在组织管理规范中予以表述。尤其要明确规定在什么情况下可以举行此类会议以及涉敏议题的参会人员范围是什么。

如果要求包括 CEO 在内的协会员工回避董事会会议，那么将会面临董事会与员工之间的信任被损害的风险。当然也有这样的情况，就是董事会在没有员工参与的情况下可能会更加敞开心扉地进行交流。但是如果在没有事先告知的情况下就让 CEO 回避会议的话，这种行为会被视为是一种不信任。此外，比这种情况还要糟糕的是，董事会连讨论内容和讨论结果都对你进行隐瞒。

在大多数情况下，CEO 是可以出席所有闭门会议的。那么，哪种类型的闭门会议讨论需要除 CEO 之外的其他协会员工或列席访客进行回避呢？一般来说闭门会议的议题包括了所有协会法律诉讼的相关内容，这些内容可能是协会的危机公关管理，也可能是有关法律合同方面的内容，或者是协会被指证出现不当行为等。通常只有当董事会讨论 CEO 的绩效评估、薪金报酬或是接任计划等相关事项时，才会要求 CEO 离场回避，但是这些议题都应当在会议议程中得以体现，并且要提前告知 CEO 这部分讨论内容需要他回避。原则上来讲，协会不需要定期召开闭门会议，而闭门会议当然也不属于董事会会议的必要内容。

花时间去了解董事会，制定可靠的政策参考，并为董事会会议做足充分的准备是非常重要的。你会被大量其他的事务牵扯精力，你要花费时间去准备详尽的会议议程；制定有说服力的、完善的支持文件；研究财务与战略计划的讨论内容；还要准备应对各种问题挑战。如果你一头雾水，那么就要承诺去更多地了解学习并尽早地运用起来。你了解的知识和掌握的信息越多，在面对董事会会议时就越能从容不迫。因为董事会会议是你少有的几次能在董事会面前亮相的机会，因此你要表现出最棒的自己。这需要你加班加点地工作，以确保为会议的召开做好了万全准备。一位自信的CEO能够提供实时有效的信息；能够让董事会时刻掌握协会的最新情况；能够带领董事会参与进活跃的讨论中来；能够预判问题并备好答案；能够有效地协助主席工作，而这些也正是董事会在聘用你时所期盼的。因此，你要充分利用召开董事会会议的机会来证明自己。

第八章 应对财务和法律问题

要投入时间去掌握组织的财务状况。你也许手握着世界上最棒的运营计划，但如果协会每一年都在亏损的话，那么你的位置很快也就保不住了。

——弗兰克·鲁德（注册社团管理师），美国佛罗里达州社团管理者协会总裁兼 CEO

协会在面对法律和财务方面的问题时都有着他们自己的一套规则。这些规则与美国的企业和非营利组织的有关规定相类似，但却又有着本质上的区别。本章将对其中一些常见规则部分进行概述，而关于此类专题的全面学习，可以参考其他一些优秀书籍来为你提供帮助。如果想要深入了解财务方面相关问题的话，我推荐你阅读由美国社团管理者协会出版发行的《协会与非营利组织财务管理手册（第二版）》（*Financial Management Handbook for Associations and Nonprofits*, *2nd Edition*）一书。

从各个协会的文件规定上来看，协会财务真的是一个充满着差异化的管理领域。不过，各个协会对财务管理基本概念的理解是非常相似的——财务管理就是协会的支柱。

预　　算

每个协会都有年度预算，许多协会还设有财务或预算委员会，每一年度你都会与他们共同协作来创建下一年的预算计划。如果你拥有专业的团队，他们会负责建立所属部门的预算管理，并且会在部门预算正式列入总预算之前，向 CEO 进行可行性分析汇报。有些时候，建立预算的职责会落在 CEO 身上，然后你需要在下一个财年来临之前将预算提交董事会批准（在没有预算委员会的情况下）。预算其实就是协会运营的线路图，它描绘出了总的财政收益和总的开支预期。因此，预算会准备 12 个月的计划，会勾勒出这一整个财年中预期获得的收益与预期进行支出的时间。制定预算所采用的是收付实现制或权责发生制，这与你实际的财务报告方式如出一辙。

在预算管理中，或许你会拥有一份展现所有收益和支出细节的营业预算和一份展现固定资产总额以及贬值情况的资本预算。固定资产会被协会有效持有一年以上并且在财务政策中具备突出价值，而资本预算则会反映出固定资产的购买和租赁情况。

无论由谁来制定预算，都要注意战略计划和战略任务中的优先权问题。你需要参考这里的若干预算模型来与协会现行的预算模式进行回顾对比，并由此判断现行预算能否在营收预期、项目与服务性支出（包含办公室管理费）等方面给予董事会一个清晰、直观的概念。

每一个项目或服务都会有它自己的预算明细。当制定预算时，在项目列表旁边进行标注说明是一种很不错的做法。比如，针对年度会议你会制作一份关于注册费收入的项目列表，其中显示的营收数额为 45 万美元，而进行标注的做法则能为你概述出年会营收是如何达到这一数字的（你可以用大写数字来标注正式会员的营收数额，用小写数字来标注非会员的营收数额；此外，还要标注出会前统计的参会比例和现场统计的参会比例）。历经半年后，我们往往会费尽心思地想要了解当初年会到底是如何实现预算中的数字的，每当这时，项目列表旁的标注就会成为帮助我们判断自己是否失策的重要参考内容。

最终，你会得到一份附加了部门项目及服务详细收支列表的协会总预算。该预算应当由所有核心部门的员工及 CEO 在整个财年内监督实施。监督人员应当遵循既定的项目进程实施监督，并警惕任何实际收支相较于预算上的偏差。

董事会的每一位成员都有责任和义务对协会过去和现今的财务状况进行回顾和了解。CEO 在无时无刻监管财务的同时，还要向董事会提交财务月报。月报对于董事们来说具备一定的参考意义，这样一来他们就能在董事会会议上回顾最新的财务报告。当发送中期报告时，我喜欢对其中的一部分重点内容添加简短的注解，例如：迄今为止实际的收益和支出、实际数据与预算数据的比较以及对任何明显区别于预算的差别或是对预算之外的状况进行解释（项目的取消、过低的注册或出席人数、实际支出低于预算的情形）。

财务形式通常有两种：权责发生制和收付实现制（又称现金制）。实际上，权责发生制会带给协会一个更好的财务前景，因为这种财务形式是在产生收益和进行支出的项目已经开展时就会在财务上进行确认，而收付实现制则是在收益和支出得到实际性产生的时候才进行财务确认。（例如：协会在 2016 年 1 月 6 日收到 100 美元的会议注册费，收付实现制会将这笔收入作为 2016 年的财务收益，但是会议却是在 2015 年 11 月举行的。如果基于权责发生制，那么这笔 100 美元的会议注册费则会列入 2015 年的财务收益。）

有部分协会设立了财务委员会来定期回顾财务问题。在我看来，有越多的董事关注财务问题对协会的发展就越有利。如果有部分计划或项目不如预期，或是你想对董事会做出提醒并阐述自己的打算，又或者你想提出加薪或其他计划等，那么你应该不加隐藏，直抒己见。

储 备 金

尽管这个话题在第二章就略有提及，但在这里还是要做出强调，储备金确实是一个相当不错的投资领域。理论上讲，每一个协会都会在储备金账户中存有资金，并且很多协会都会将这笔资金作长线投资看待。

小型协会也许不会用资金去投资股票，但他们应该都会将部分资金存入储备金账户。如果协会还没开始这样做，那么你可能需要在关乎战略发展计划的会议上就如何建立储备金账户以及账户资金的存在意义进行探讨。其中一种做法就是在储备金账户中存入协会运营六个月所需的资金以防意外事件发生。如此一来，你就能获得一种经营上的保障与缓冲，并且能在意外出现时维持协会一切如常。此外，储备金的功用、使用方式以及储备规模都将由董事会决定。

审 计

每年定期开展财务审计工作是一种非常好的做法，或者最起码也要每隔一年进行一次（协会的规章制度应该对此进行详细规定）。这种对财务信息的评估应该由具备资质的公共会计师事务所来进行。如果你正在寻求审计师，请寻找一位与协会有过合作经验的，而不要仅仅找那种在通常情况下只与非营利组织合作的审计人员。审计师将复核若干内控工作，包括协会财务报告的可靠性以及对法律和规章制度的遵循程度。财务报告的可靠性指的是通过查阅交易记录来确认这些记录是否真实、交易程序是否合规、交易概述是否明晰以及协会在针对未经授权的购买、使用与处置行为所造成的资产损失方面是否配备相应的保全措施；遵循程度看的是交易是否是在法律、协会章程、经营管理规则以及政府政策的框架下所完成。

为了筹备开展好审计工作，你需要收集许多信息。审计人员会交给你一份他们需要复核的内容清单，这就是所谓的审计需求清单。比如，以下内容就出自这种审计需求清单。

审计需求清单

- 账目明细
- 预算表
- 资产负债表、联合与独立运作作业表
- 全部银行账户的对账单
- 银行结单与投资清单
- 应收账款细化时间表
- 预付开支细化时间表
- 设备与器材一览表
- 应付账款列表
- 其他负债账户的详细信息
- 递延会费和收入的详细信息
- 季度工资报告（包括：941 联邦税表、940 联邦失业保险税表、工人薪酬）
- W-2 与 W-3[①]　表格
- 所有会费类别和金额的说明，会员支付统计
- 培训课程的详细信息，如本年度与上一年度的出席者人数对比、注册

---

① W-2 表格（Form W-2，Wage and Tax Statement）即每个职员的工资表，包括工资情况和缴税清单。W-3 表格（Form W-3，Transmittal of Wage and Tax Statements）。W-3 表格是集中填报所有雇员工资、社会安全税、医疗税等信息的表格，与 W-2 表格对应，在 W-3 表格中的资料数字应该与发放给所有雇员的 W-2 中的资料数字的总和完全吻合，不可以有任何出入。——译者注

费用以及所有的开支信息

- 年度大会的收益与支出、出席者人数、赞助商和参展者的详细信息
- 上一年度至今的董事会会议记录
- 董事会名单
- 所有新的授权书、合同、租契的复印件
- 财政年度末尾的预算
- 本年度所有新增固定资产的发票
- 运营规定和组织章程的所有变更情况
- 工作分配计划书
- 开支的功能性列表
- 开具给雇员的有付款凭证的支票（非工资单）
- 使用支票或其他方式进行信用卡还款的凭据

作为新任 CEO，如果这个机构已经有一段时间没有进行过审计了，那么你应该在任期的开始就进行一次审计，以此来帮助你认清将要面对的局面，并使你分辨出需要在哪些方面进行关注和做出调整。

欺诈行为

协会内部欺诈行为的丑闻从来都不是秘密，一般来讲非营利性组织都会发生这种情况。欺诈行为可以是志愿者所为也可以是员工所为，一个普通人决定做出这样的行为通常会源于三种因素：① 由刺激和压力所导致；② 欺诈行为的合理化心态滋长；③ 认为欺诈行为有成功的机会。

最后一个因素也意味着，我们可以通过实施监督、权责分离、贯彻政策和有效管理来减轻欺诈行为的发生。无论是对你所信任的员工还是志愿者，你都不能忽略他们犯下欺诈行为的可能性，而解决这一问题的关键就在于，你要确保协会在适当的事件节点具备充分的保护措施，从而大大提高实施欺诈行为的难度。

任何协会如果想要确保权责分离，就要避免让一个人同时负责收款和记账的行为。例如，由第一个负责人查阅支票邮件并将该支票记录在案，然后将拷贝记录抄送 CEO；选派第二个人负责将支票信息录入统计软件；最后，再派另外一个人将这笔收益存入协会账户。而且，银行对账单除了 CEO 之外的任何人都没有资格查阅，CEO 将使用银行对账单与支票记录簿副本进行核对。在大型协会组织中，很有可能由 CEO 来负责所有的银行对账工作。

很多协会都有不少现金收款的项目，要特别注意收费的程序并监督这些交易。在我任职害虫防治协会的头几个月里，曾有一个募款项目，其中相当多的商品都需要使用现金购买。回想第一年的活动，直到晚上结束时我们大约收取了 5 万美金的现钞。庆祝会结束后，志愿者们都直奔酒吧放松娱乐，不过我却叫住了三位董事并建议他们来帮忙清点现金数额以及核对销售情况。三位董事对我说："我们当然相信你！"，因为他们都觉得这种工作交由我和助手来进行就足够了，但我还是坚持保留意见并提醒他们有关董事的财务职责。

我们花了 2 个小时来清点与核对。在最后，我签署了文件，复印了单据，统计了活动实收的现金数额、信用卡收入、买家信息和他们的支付方式。酒店前台为每个人提供了复印件，之后我们就将现金存放在了酒店的保险柜中。当这笔钱存入银行后，我给每一位董事送达了一份存单复印件，而当本次财务程序终结后，我让他们销毁了相关文件。对于这次募款项目活动，我并没有提前考虑过该如何运作，但在那一刻，我很清楚地知道要如何进行监督，并且增加了款项管理的责任人。协会对于所有的收款方式都应该安排多人监督，对于办公室交易或现场交易的流程要有明文规定。

赞　　助

不是所有协会都对赞助行为持开放态度，但起码大部分是支持的。赞助是一种从为会员提供产品和服务的卖家或供应商那里获利的营收行为，而相应的，卖家或供应商也会得到一些好处，比如获得消费者的特别认可、提升品牌形象、实现市场拓展等。近些年来，赞助的操作已经变得相当复杂，所以许多协会雇用了商业开发和商业赞助方面的专家来将这种营收潜力实现最大化。发掘和保持与主要赞助商们的关系非常有意义，这就如同为他们选择与开发相应种类和级别的赞助一样重要。

赞助的收益可以固定化，协会应该起草并与赞助商签署相关的协议，在其中针对投资赞助行为将会得到的利益反馈进行概括。

有一家大型协会组织，其执行官在任职的第一周就发现，该协会的分支基金会刚刚宣布要"独家支持"协会最大的供应商之一，而另这个分支基金会的董事会没有预料到的是，在消息宣布的那个星期就遭到了强烈抵制。其他所有同类产品的供应商都非常不安，因为他们未得到协会的相应支持，甚至没有得到任何"独家支持"的参与权和备选机会。而这种情况的直接后果就是，失望的供应商抛弃了他们的会员资格，叫停了他们的赞助，并且联合抵制将在两周内召开的贸易展览会。这些供应商都是该贸易展览会中最大的参展商，联合抵制行为导致大量的展台空置。而在那一年，这个协会的实际收入总计损失超过 100 万美元。商业发展领域中决策层面的重大失察是致命的，以平等的观念对待相关或类似主体应该放在经营决策的首位。

政治行动委员会

许多协会设置了政治行动委员会（Political Action Committees，PAC）来筹募资金，并帮助自己支持的候选人当选联邦政府或州政府办公机构的官员。由于在建立政治行动委员会方面存在明确的法规依据和指导方针，因此协会应密切关注州政府或联邦政府发布的文件，如果违反规则可能面临高额的罚款。协会应当配备政治行动委员会资金管理的详细指导方针，内容应当包含征募、贡献、支出、汇报以及资金建立等指导信息。

非相关商业行为所得税

非相关商业行为所得税（Unrelated Business Income Tax，UBIT）与你应缴税的实际获利息息相关。如果发现非营利组织的部分行为不符合该机构备案的税收豁免条件，那么美国国税局将针对这样的行为要求该组织履行非相关商业行为所得税义务。这其中就包含出版物和广告销售的收益。

档案保管

出于实际需要，协会应当将各种记录档案保留一定的时间，并且要制定相应政策规定出保留内容以及保留期限。然而，有些文件档案应该永久保存，比如：董事会会议纪要、审计报告、财务报表、年度报告、公司条例、规章制度和退休金计划文件等。你最好与协会的律师或会计师讨论档案留存方案，特别是要注意满足组织方面的需求，并且要能够遵守地方、州政府以及联邦政府的相关法律法规。

部分存档项目名称以及保留期限：

- 应收账款与应付账款记录（7 年）
- 组织章程（永久留存）
- 独立第三方审计报告（永久）
- 银行存款单（7 年）
- 银行结单、银行对账单（8 年）
- 作废支票（通常保留 8 年）
- 现金支出簿（10 年）
- 现金收入簿（10 年）
- 美国国税局的确认信以及所有相关信函（永久留存）

- 员工成本报告（7 年）
- 员工工资单记录如 W-2 表、W-4① 表，总年薪记录（7 年）
- 财务报表（永久留存）
- 普通日记账和总账（永久留存）
- 保险单（永久留存）
- 发票（7 年）
- 董事会会议纪要和会员年会纪要（7 年）
- 工资日记账
- 工资所得税申报表，包括 941 表、940 表（7 年）
- 应聘申请表（3 年）
- 员工资料（离职后留存 7 年）
- 退休金计划（永久留存）
- 不动产租赁合同（合同终止后留存 10 年）
- 纳税申报单（永久留存）

财务政策

有太多的协会因为董事会判断力的缺失而陷入困境，他们并没有意识到好的政策与程序的重要性。我记得曾经有一家协会出现了持续不断的资金损失，因为他们的董事会一直忽略了财务审查，而等到他们真正意识到这个问题的时候，所有的储备金都已经损失殆尽。尽管这家协会没有发生任何欺诈行为，开展工作时也并没有铺张浪费，但是资金却被消耗终结，这正是因为他们没有建立稳固的财务政策（特别是储备资金的使用政策）。

另外，有一家大型的州级教师协会经常会将印有协会标志的产品交由分

---

① W-4 表格（Form W-4, Employee's Withholding Allowance Certificate）即预扣职工所得税证书。该表格是雇主得到雇员信息的主要渠道，由 W-4 表格雇主可以得知雇员的收入是多少，由此决定应为雇员预缴多少个人所得税。——译者注

会去售卖。T 恤、咖啡杯和双肩包都会交给地方的志愿者，由他们去销售这些产品并将收入返还给总部。可是问题出现了，志愿者当中会有一半的人不会将收入和未售出的产品返还回去。协会运营团队为此备受煎熬，因为他们不想与志愿者对立而造成尴尬局面，也不想让董事会知道资金正在流失。他们无所适从，没有实行任何措施，也没有对送交的记录进行备案。他们让自己白白管理了协会好多年，却损失了成千上万的美金。这让新任 CEO 一上任就开始对协会的内部管理产生了质疑，并且坚持要制定和推行新的政策。

财务的廉洁基于稳健的财务政策。政策是组织管理文件体系中的一个分支（体系中还包括有组织规章制度和组织章程）。政策用以指导志愿者领导开展相关工作，并且还特别对当选的财务主管以及财务与预算委员会做出规定。虽然每个机构都会基于它们的自身状况和所属领域来制定针对性极强的政策，但你也应该对以下政策范例进行了解与参考，并理解它们制定的意义所在：

- **差旅报销规定**。是专门为志愿领导层和协会工作人员建立针对交通出行、餐食购买、活动注册、预付款项、房间预订以及费用报销等问题的指导规定。其中非常重要的一点是，要明确规定好报销项目的适用范围，以便让所有志愿工作者提前明确他们的工作预期。

- **财务委员会**。在财务政策中应该清晰规定财务委员会的角色和功能，明确好负责财务监督工作的主体将会避免混乱状况的出现。例如，政策应当明确规定由财务委员会和 CEO 共同负责制定年度预算。如果他们还需要负责监管财年内的预算使用情况并且修正预算的话，那么在政策中也应当做出相应规定。此外，如果财务委员会成员还需要负责监督投资成效，并且需要负责挑选 / 合作注册会计师或审计员的话，那么政策中也同样需要有明确的表示。

- **文件留存与销毁**。要遵守影响协会发展的法律法规，采取使用法律规范下的记录留存和文件销毁计划，内容包括支票、收据、缴税申报单以及其他的各种文件。

- **审计**。进行财务审计是协会管理中最有意义的操作手法，因为通过审计能够确保相应的信托责任。审计政策会针对定期审计、财务审查以及组织财务状况汇总等内容做出明确要求。协会应当委任审计委员会与被选定的独立审计人员进行合作，并由审计委员会向董事会提请批准通过最终的审计报告。

- **美国国税局 990 表格**。该表是一种强制性文件，因此在财务政策中应当做出明确规定，在董事会有机会审阅 990 表格的前提下才能向美国国税局提呈。

- **支票签署权限**。该政策应当对谁有支票签署权限（高级管理人员或普通雇员）以及签署支票所需的签名数量做出明确规定；政策中还应表述出因公报销的工作流程，其中规定了收据的提交时限。此外，政策还需对保险事务以及信用卡或借记卡的使用确立相似的权限规定。而且不要忘记对 CEO 信用卡的使用和报销程序进行规定，原则上是由一位执行委员会成员或财务主管来负责。协会的支票一般需要两个签名，就算是支付给 CEO 的支票也都要经过审核。这一政策将会保护 CEO 和协会远离资金管理不当的指责。

- **保存储备金**。许多协会都想为应对紧急情况或未来发展而储备资金。这一政策规定，协会存有的储备资金应等同于或大于六个月的运营成本或是相当于协会 50% 的净资产。

- **投资**。如果协会的储备金里有富余的部分，那么董事会也许会动用其进行投资。在投资时，董事会应当采用一种最能保障储备金安全的投资计划。投资政策应当阐明投资类型，并且满足协会对风险承受限度的要求。有的协会只倾向于投资定期存款，而其他一部分协会会选择基金与股票的混合型投资。另外，协会还要定期评估投资收效，并且至少每年召开一次邀请投资顾问列席的专门会议。

- **独立承包商资格**。协会应当配备一种政策规定，即作为协会独立承包商的所有人员都应该满足美国国税局建立的不同于协会员工而言的独立承包商的标准条件。这种政策能保护协会避免那些可能由承包商发起的诉讼以及由美国国税局发起的质疑。

- **保险。**由于董事会有义务帮助协会规避风险并保护协会资产，所以协会应当配备政策规定组织购买保险的范围，内容包括：一般责任险、董事和高级管理人员的人身险、火灾险、灾害险以及业务取消险。

尽管协会已经制定了最优秀的政策，但若是环境有所变化的话，那么相应的政策也应该进行重新评估。首先浮现在我脑海里的情况就是协会可能会迫于财务压力而调整政策。例如，某个协会出于经济原因，完全在计划与预算之外的情况下出现了实际收益羸弱的状况，并且很有可能出现赤字财年。然而，该协会一直以来在董事会成员参加董事会会议和委员会会议的差旅报销方面执行着全额报销的政策，而且该政策每年都会耗费协会的大量开支。CEO曾就此事与董事会主席沟通，希望能要求董事们在当年余下的时间里控制差旅报销申请。但是这个建议并没有被很好地采纳，因为董事会主席认为这个政策已经实施了多年，而且董事们付出了自己宝贵的时间参与协会工作，协会理应为他们报销各种差旅花销。最终情况变得非常棘手，因为当协会想为志愿者报销支出的时候，却发现账目上已经没有足够的资金了。

上述这种情况可以在预算会议上以一种"假如"的设想方式发起探讨。最理想的办法就是为避免类似情况发生而制定政策，让协会财务在无法满足预算规划的时候可以有效地控制成员们的支出报销。

这里有一些可以作为日常工作原则的财务提醒，它们包括：时刻关注预算并提醒领导层所有的重要变化；能通过检查与制衡避免出现所有不当看法；要为领导层提供日程计划和定期的财务报表；要确保协会拥有充足的储备金；要确保协会能获得来自外部的财务建议。

法律问题

作为新任CEO，你要去了解那些可能会让自己陷入困境的法律领域。虽然我不是律师，但我知道协会的性质是独特的，因此有关协会法定权利、反垄断以及税务方面等问题都完全属于一个特定的法律范畴。请一位专业代理协会法律事务的律师是非常明智的做法。此外，杰拉德·杰考布所著的《协会法律手册》（第五版）（*Association Law Handbook, 5th Edition*）也是很有价值的参考资料，你可以在美国社团管理者协会那里购买此书。

合　同

新任 CEO 通常会被与协会管理有关的各种合同所震撼。范围从酒店合同到发言人／艺人合同，从供应商合同（包括室内装潢、运输、食品与饮品、印刷、会计、律师合同）到赞助协议，从办公室购买或租赁合同（包括购入计算机、软件、设备合同）到人事合同，此外还有调查合同、咨询合同等——这些合同会让你感到茫然无措。由于合同的使用太过广泛，所以最明智的做法就是聘请一位律师来帮助你完成合同的审阅工作。记住，只有被授权的人员才有资格为协会订立合同，而 CEO 则被授权有资格签署所有合同。其他员工无权签署任何法律协议，并且在大多数情况下志愿者无权代表协会签订任何类型的合同文件。

酒店合同与会议合同是个比较特殊的领域，它们可能会给协会执行管理者带来不少的麻烦。这些合同的内容通常比较复杂并且会强调对酒店及会议设施的保护。此类合同的标准形式一般会对具有高风险的领域进行限定，这可能需要协会做好赔付巨额经济损失的准备（例如，房间损耗条款）。要小心部分条款，比如，取消预订的具体期限规定、取消房间预订或未按时入住的退款百分比以及食品与饮品的最低消费规定等。花钱聘请律师为你解读各种各样的酒店合同条款是非常值得的，这种指导会帮助你更好地完成合同谈判，解决你的实际需求。

"9·11 事件"后的三个星期，一个州级咨询社团正计划举行它的年度大会。对这家协会来说，贸易展览和会议注册费用的收入至关重要。但是，由于协会会员都是咨询顾问，因此很多会员都作为志愿者前往纽约和宾夕法尼亚州来帮助那些经历"9·11事件"的悲伤幸存者。仅仅在大会召开的前几天，协会工作人员才发现有很多会员取消了住宿预约，以至于预定的房间有一半都无法入住。当然，这也预示着会议带来的收益将会显著低于预算。更不幸的是，协会签订的酒店合同中有着严苛的惩罚条款，针对的就是房间损耗（即预定后没有入住使用）以及食品饮品收入的损失。然而，该协会没能对这个无法预见的特殊情况提前做好准备（协会如何才能预见？），而且关键的是，该协会的工作人员在签署酒店合同时没有对合同条款进行任何修正、删除和商议。像这样的合同义务协会绝对不能接受，除非协会有把握取消预订或通过协商来更改预订。

在这种情况下，协会不想更改会议日程，但还是通过与酒店的协商更改了房间预订而非进行直接取消。针对无法满足的房间入住下限以及餐饮销售减少所带来的损失，他们选择了支付罚金——共计7.5万美元之多。事实上，对很多协会而言，像这样一个无法预料的损失都将是灾难性的。

解雇员工

CEO有义务负责员工的聘任和解雇。因此，你要意识到自己在解雇员工方面有着潜在责任。如果你不熟悉劳工法相关内容，请在解雇员工之前咨询法律顾问或是国家就业委员会。

就业中的"自由雇用"原则还在支配着大部分的就业形势。然而，现如今许多州开始承认员工权利，并且会对雇主的不当解雇行为进行处罚。当员工出现问题的时候，你应该迅速地进行认定、讨论和解决。人事问题上的拖延行为会破坏办公环境，也会令整个协会产生波动。你要约见员工，并阐明协会对他工作的要求，而且要告知他完成这些要求必须遵照的时间期限。这种时间要求不应该过长，要根据实际的工作情况确定几周或一个月的时间即可。然后，你要检查并讨论该员工的工作表现。你对员工的工作要求应当落实在文字上，就像是在做心理学上的"行为矫正"的条款一般。如果他的工作表现没有任何改正，那么你要继续进行观察，并且要更为强烈和频繁地警告他不修正工作表现问题的严重性和后果。你们之间所有的交谈、劝告、行动、要求、警告和惩罚都要落于纸上，员工也要拿到相应的拷贝记录。你要持有这些纸质文件以避免发生法律纠纷。协会应该直接告知员工，如果他们的表现没有明显改进那么就会丢掉工作。

反　垄　断

当会员们聚集在一起开会讨论如何对待涉及行业和专业领域的一系列问题时，所有层面的与会者都必须意识到应该避免讨论那些容易引起反垄断担忧的话题。你要清楚，只有讨论内容集中在私人规则范围内，你和你的会员才不会扯上麻烦。一些可以关注讨论的领域包括：拒绝为非会员提供会员服务、定价活动、会员身份的约束与终止、产品认证、专业限制和资格审查、团购和团售；不能在会上讨论的内容包括：具有潜在指向性的有关价格费用的上涨、下降或是维持稳定的内容、生产水准的监管或是影响产品与服务可用性的内容、鼓动集体抵制的内容、设定当下或未来价格的内容、探讨现金折扣和信用条款的内容，或者是讨论可能诱发行业性歧视的内容（比如因为某个公司的定价惯例而拒绝与其合作）。对于许多协会来说，持续利用法律咨询来监控运营是很有必要的，对于如何选择会议的论题与论点，你应该寻求专家的建议。在怀有疑问时请随时向你的律师咨询。

作为 CEO，你应该密切关注所有的法律风险并尽力避险，其中包括使用社交媒体的风险。比如，请考虑一下你可能会在网上公布的言论，它们是否经过许可或者是否涉及侵权行为？对于那些在协会社交主页上留言抱怨或胡说八道的会员，你的法律立场是什么？又或者是现任的年轻董事会主席实际上在网站发帖抨击过自己的协会，你又该如何应对？面对这些可能出现的法律问题，制定协会的沟通策略也许是你能采取的最积极的行动。

　　如果协会没有聘请律师，那么务必请同行为你推荐并发掘一位精通协会法律事务的律师。保持警觉、不断学习和优化政策是远离麻烦的最佳良方，特别是作为一名新任 CEO，你没有强大的法律援助是不可能运营好一个协会的。经常咨询协会的律师能帮助你加强与团队、会员和供应商之间的交流。有一位随时待命的律师也许并不能让你万事无忧，但却能实实在在地帮助你规避明显的陷阱，直到你真正具备成熟经验为止。

第九章　开启 CEO 之旅

团队合作是关键。向经验丰富的董事会成员和同事们请教，听取他们的建议。

————黛安娜·艾佛雷特（注册社团管理师），博士，美国得克萨斯州健康、体育、娱乐和舞蹈协会执行董事

作为新任 CEO，许多需要你去学习、评判和实施的事项都会很轻易地让你感到手足无措。实际上，你正身处一场旅行之中，沿途会历经很多美好的事物，了解那些你未曾在意过的各种专业知识，获得杰出的能力，遇见许多能够让你获得启发的人物，结识挚友并留下美好回忆。同时，你也会体会到懊丧、疲惫、愤怒和失望。但是，只要你拥有得当的管理体系（其中包括人员和政策），那么就会在每天工作结束之后获得大大的满足感。

协会行业的工作相当独特，也足够成为一种很好的职业选择。你可以选择在一个协会组织里度过自己的全部职业生涯，或是有机会选择与各种有趣的协会组织合作共事。无论怎样选择，一定要明确自己所选的协会组织具备足够的资源能有助于你个人的发展。

在一开始，你需要的是能够帮助自己的导师和能够陪伴自己共同成长的伙伴。你的第一位导师很有可能出自董事会之中，他会帮助你了解这个协会和这个行业。在任职的第一个月内，你要建立一个由来自不同协会的 CEO

们所组成的小圈子，通过向他们求教，你能够获得有关与董事会成员和员工共事方面以及协会运营方面的建议。小圈子中也可以加入那些与你供职于同一个协会但在其他地区分部工作的同事，当然也应该包括那些离你或远或近的其他协会的同行朋友。如果你不认识其他协会的 CEO，那么请联系当地或州级的社团管理者协会，请求他们为你举荐、牵线或介绍。此外，你还要出席推荐的会议，特别是那些限定于 CEO 层面参加的研讨会和活动；了解清楚州级和国家级协会的各种年度会议。要知道，一个连续多天的学习经历让你有足够的时间来结识他人、建立友谊。你还可以去发掘线上社群，比如美国社团管理者协会以及你所在地区的专业社团的网站，在这里你可以提出问题，而且还会收获同行的帮助。如果有附属会员机构（比如酒店、会展以及旅游等行业机构）邀请你参加活动，你应当试着出席，因为你在这里为协会所建立的人脉、获得的资源同样有价值。

许多新任 CEO 会完全陷入自己每天繁忙的事务当中，而且一连好几年都不会参加工作之外的继续教育，也不会寻求组织之外的帮扶支持，这样的做法是不可取的。不过，你现在正在阅读本书，这意味着你期望通过继续学习来提升自己并帮助协会取得更好的发展。没错！不断地学习进步就是成为一流 CEO 的必备要件。

如果你刚刚进入协会行业任职，那么最应该做的就是拿到协会管理者的认证头衔（注册社团管理师）。这是协会行业中最高级别的认证，因此你要非常严肃地看待它。该认证由美国社团管理者协会颁发，几乎每一个州级的社团和相当多的地方性附属协会都会为参与该认证的考核学习提供协助。认证每年于 5 月和 12 月颁发两次。但你需要了解清楚该认证的适用条件和备考时间投入。认证的报名条件包括 3 年执行董事工作经验或 5 年协会工作经验，外加 100 小时的继续教育学习经历。在备考方面，你必须进行大量的阅读，此外参加学习课程对你也会很有帮助。在学习的过程中，你不仅能结识其他的协会管理者，还可以提高学习效率、了解学习重点。当你满足从业时间要求后，就要尽早开始计划去积攒学时、参加课程并申请考试。在这一过程中，你将学习到有关协会的管理理念以及法律和财务方面的知识。协会的董事会应当支持你去获得这一认证，并且为你报销课程、学习资料以及考试费用，还为你准备考试提供时间上的便利。此外，协会的高级职员也同样能从与注册社团管理师的接触中受益，因此多与他们讨论有关这一教育认证。

对于新任 CEO 而言，你每天的工作任务会非常的多样化。如果你是一位小型协会的 CEO，那么每天的工作将会在财务事项、议程安排、网站运营、业务交流、主持会议以及不断的电话沟通中度过。我知道在处理如此之多日常工作的基础上，你的确很难再将自己的注意力集中在协会整体的管理上，不过，我还是希望你能投入时间去探讨设立监管审查的必要性，并且制定新的管理流程或政策。这也许将耗费你很长一段时间，但你应该努力让新的政策真正落地并带领董事会成员实施。

凯瑞·斯塔克波尔（注册社团管理师），美国社团管理者协会资深会员，长期担任协会执行管理者，并且还是 Neoterica 战略领导力咨询公司的总裁，经验非常丰富的他提供了很多建议。他表示，对于那些新被任命的CEO 来说，留意并了解董事会的工作是很有必要的，方法就是要对协会的过往事务保持相当程度的敏感性，尤其要关注前任 CEO 主导的运营体系、执行流程和经营预期等内容。斯塔克波尔在 www.wired4leadership.com 发表了一篇关于赢取领导层信任的博文，他的建议就是进行沟通——深入的沟通。但是，他强调在与协会所有核心管理层及非正式领导进行会面时，也需要一定的随机应变和外交手腕。首次见面时你的言谈思路会对你协会领导地位的建立以及后期工作指令的传达提供相当大的帮助。

对于刚度过工作"蜜月期"的 CEO 而言，斯塔克波尔的建议还是很不错的，不过这样的"蜜月期"终点在哪里？或者说它什么时候结束？当CEO 入职阶段或工作的过渡阶段结束后，难道不应该继续去获得董事们的重视和信任吗？

斯塔克波尔回答说："这个过渡期的过程比你认为的要漫长，可能超乎你的想象。当董事会开始认可并积极支持新任 CEO 的各种意见和建议时，所谓的工作过渡期才算作是真正结束。"请注意，他的回答中使用的是"认可"而不是"接受"，相比之下"接受"一词太过于消极被动，缺乏必要的工作热情以及对新任 CEO 工作成效的认同。而实际上，董事们对于你意见、建议的认同是难以达成一致的。

就赢得董事会积极支持的这一点而言，斯塔克波尔对新任 CEO 的相关行为从轻重缓急层次上加以区分，即深入了解董事会意图时要快，而贯彻新理念时要慢。这种快与慢的结合会令你不得不趋于审慎。如果一位 CEO 在任职初期就不去深入了解董事会成员、扩展与他们的私人关系并塑造对未来的普遍共识，那么 CEO 唯一的"安全"道路就是只能在无关紧要的地方施展手脚，并且他们的执行效力也会大大降低。

斯塔克波尔说："这并不意味着你就要胆怯行事，你需要的只是将具体的行动与你对协会的全部热情融为一体，这也正是董事会在一开始就期望能在你身上发现的东西。""当然，他们同样期望你能保持住这样的特质。"我很赞同他的说法，从许多方面来讲，CEO 无时无刻不在争得董事们的尊重。

慧语箴言

很多年来，我始终遵从着一套出自全美协会执行管理者们的"慧语箴言"来作为自己的工作指引。其中，我最想提及的就是来自美国社团管理者协会前任总裁兼 CEO——比尔·泰勒的话。我期望通过分享这些管理上的小贴士能够激励你，树立你对协会组织的信心，知晓自己并非孤立无援。

- 你并非孤立无援，庞大的协会执行管理者群团是你坚实的后盾。
- 结识那些能够指引你工作的 CEO 同僚们。
- 有两个方面会让 CEO 陷入麻烦：忽略财务事项和董事会管理。
- 尽可能地聘请最好的团队，赋予他们足够的权限，用明确的责任制度进行管理。
- 在缺乏专家的情况下，别不情愿去聘请顾问来解决问题。
- 永远不要忘记，协会是属于全体会员的，而不是你一个人的。

- 高效的利用志愿者，尊重他们的时间。

- 设立由会员组成的"智囊团"（非正式顾问团），这可能需要你花点工夫来决定他们的角色定位。

- 将你的工作职责进行优化排序。

- 承担协会的外部职责，要高调地塑造协会的公众形象和声誉，维护公共关系也是你工作的一部分。

- 无论你身处何地、所做何事都不要忘记，作为 CEO，你就是协会的形象代表，你的所作所为都会或好或坏地影响你的协会。

- 认真地对待公开演讲，避免没有准备的情况出现。

- 注重自己以及团队在工作日程中的时间管理。

- 保持友善与谦逊。

- 要像企业家一般敢于冒险，这将带给协会更迅猛的发展，同时你也会收获更多乐趣。

- 针对你的职责和志愿者领导来发展随访技巧；随访制度的缺乏将摧毁协会的组织有效性。

- 如果你必须要妥协的话，请优雅地面对。

- 展现你的魅力，试着让每一次沟通都能带给他人愉快的感受。

- 要记得，你正在通过自己的工作态度、工作习惯和账目支出树立协会管理的典范。

- 要向其他协会学习，采用最佳的管理理念。

- 沟通。

- 廉正是你最重要的财富。

- 不要指望一开始就能掌握协会的全部状况，你至少需要六个月的时间（也许一年）才能将所有情况完全了解清楚。

- 不要惧怕说出："我不懂。"

- 记住，决策的过程对会员们而言也意义重大。

- 不要期望领导层去适应你的商业手法，有时候你不得不按照他们的方式行事。

- 要清楚地意识到会员渴望的是享有所有的好处，他们想即刻就拥有，并且不想掏一分钱。
- 永远不要把无法兑现的事情落实到书面上。永远不要在邮件中进行实质性的表达，因为你并不希望邮件内容被打印出来作为证据或为此在法庭上进行辩解。
- 少说多听。
- 要承认你无法让所有人都满意。
- 当你出色的表现没有得到他人喝彩的时候，请给自己一些奖励。
- 谨防会员和员工对协会的不良企图。

协会行业是个分享型的领域，因此你可以从如下曾经有过同样经历的协会 CEO 那里借鉴这些思路。

不要风风火火地在上任第一周就去纠正你看到的所有问题。记住，决定是在获得最佳参考信息的基础上做出的，所以要尽快投入时间了解协会历史、会见新旧领导、回顾过去的董事会会议记录，这样你才能为探索前方的道路做好准备。

——莱斯利·墨菲（注册社团管理师），美国社团管理者协会资深会员，瑞博恩国际集团（Raybourn Group International）总裁

为自己制定一个战略性的发展计划，增强知识储备，保持专业水平与时俱进。工作日程不要忙乱无章，避免做无用功，注重健康的生活方式，有计划地让自己保持最好的工作状态。

——琼·泰扎克（注册会议策划师，注册社团管理师），科罗拉多州社团管理者协会（Colorado Society of Association Executives）执行董事

请提出有价值的问题。有价值的问题能直击那些引导你前进的目标和标准。并且，作为新任CEO你必须知道万事皆有两面，关于董事会、员工和会员等方面的问题皆为如此。

> ——玛丽·兰格（注册社团管理师），得克萨斯州独立银行家基金会（Independent Bankers of Texas Foundation）总裁

不要事必躬亲，特别是团队中只有你一个人的时候。去招募志愿者，委派、任命、授权他们协助完成工作。

> ——克莉丝汀·乔伊纳，西南交通运输协会（Southwest Transit Association）执行董事

无论协会的规模是大是小，CEO的首要工作都是成为一位老练的政治家，这样纯熟的技巧将助力于你整个职业生涯的发展。

> ——盖瑞·戈德西，得克萨斯州职业教育工作者协会（Association of Texas Professional Educators）执行董事

对于所有新任CEO来说，我向你们强调协议双方充分议定聘用合同的重要性。通过签订的首个合同建立互信与合作的基础。

> ——比尔·基斯（注册社团管理师），革新租赁组织协会（Association of Progressive Rental Organizations）执行董事

相信并依赖自己的实力，你会及时完善自身不足的。

> ——JJ·科尔伯恩（注册社团管理师），得克萨斯州英才协会（Texas Association for the Gifted and Talented）执行董事

要时常与董事会探讨你们的协会应该做些什么，而不是怎样去做。培养一个进行微观管理的董事会将耗费掉你大量的时间和精力，尤其会影响创新性会员福利的发展和实施。请与各种各样的协会利益相关者多多沟通，你除了会获得一手信息之外，还会发掘出可以帮助协会把握重要机遇的智者。

——马克·艾伦（注册社团管理师），国际秩序黄金法则制定机构（International Order of the Golden Rule）执行董事兼 CEO

从工作效力和工作弹性的角度出发来考察当前的员工团队，避免对员工做出不当的判断。你需要汇集大家的集体智慧来争取一个良好的开端。

——特蕾西·托德，博士（注册婚姻及家庭治疗师）（Licensed Marriage and Family Therapist，LMFT），美国婚姻和家庭治疗协会（American Association for Marriage and Family Therapy）执行董事

你必须敏锐起来，要精力充沛、精神饱满、反应迅速、行为机警、头脑清醒。

——吉姆·科尔斯（注册社团管理师），得克萨斯急救医师学院（Texas College of Emergency Physicians）执行董事

你的团队将全力以赴去实现你们共同谋划的未来，而这一过程中最关键的就是沟通。站得越高看得越远。通过高效率的沟通保持你的团队斗志昂扬、精力充沛。记住，高效的沟通是一种真正的对话，而不是一个人的独白。有时你会陷入困境，请从容地调整自己重归清醒。

——迈克·格拉布（注册社团管理师），南方油气协会（Southern Gas Association）总裁兼 CEO

　　我的第一个目标就是计划与所有的前任董事们会见（大约有20人）。我想要得到他们的信任、他们的协会经营管理经验以及他们的允诺——即我会尊重他们悉心为协会构建的核心价值观，同时他们也能为我的新想法、新思路提供意见和建议。我发现这样的会面在与协会领导重要合作关系的建立上起着很大的帮扶和启发作用。

——沃德·蒂斯代尔，奥斯汀地产委员会（Real Estate Council of Austin）总裁

　　历任董事长或主席就是宝藏，他们怀揣着有价值的经验并能为CEO提供极大的帮助。此外，他们最清楚协会的关键问题所在。

——道格·麦克马利（注册社团管理师）、美国总承包商协会圣·安东尼奥分会（AGC San Antonio Chapter）执行副总裁

　　作为一名协会的CEO，你要记住减少焦虑并能安然入眠的关键就在于你要清醒地认识到"这是他们的聚会"。你要知道应该在什么时候走在前方去引领他人，也要知道应该在什么时候放慢步伐来帮助他人。

——汤姆·莫瑞森，麻省理工管理机构（MTI Management）首席执行官

　　建立一种和总裁、董事会主席或执行委员会进行沟通的常规计划，并切实地运用在工作中。

——赖瑞·史密斯，国际实践管理协会（International Practice Management Association）执行董事

要关爱自己。如果你过度紧张、过度劳累或是气场低落，就不可能成为一位好的领导。锻炼身体、健康饮食、充足睡眠并享受休假，这些不仅能让你保持百分百的工作效率，还能向团队展示你努力追求工作与生活平衡的信念。

> ——玛格丽特·邦兹·帕德里斯，美国船只所有者协会（Boat Owners Association of The United States，BoatUS）总裁

作为一位新任CEO，你崭新的双眼会目睹无数的可能性。但请不要过早过多地去尝试它们，如果对每一个机会都很贪心，那么一定会让你难分主次并且陷入歇斯底里的状态中。

> ——洛瑞·罗帕（注册社团管理师），天穹-杰佛逊、克利尔克里克以及吉尔平郡智力和发育障碍人士协会（The Arc-Jefferson，Clear Creek & Gilpin Counties）执行董事

你永远不可能知晓一切，因此千万不要不懂装懂。要积极鼓励并参与协会会员、董事会以及员工之间的开放式讨论，因为有效的建议可能会出自协会的不同层面，你永远不知道哪一个观点或视角会让你豁然开朗，所以花时间去倾听总是值得的。

> ——泰米·卢兹，堪萨斯州和内布拉斯加州银行家协会所属银行业学校（KBA/NBA Schools of Banking，Inc.）执行董事

协会的经营管理就是未雨绸缪，要能预见未来的艰难险阻并能始终强调会员利益，失去预见性、丧失竞争力将会让你付出高昂的代价。协会管理在过去五年间发生了翻天覆地的变化，执行管理者们就像算命先生一般在水晶球中观瞧协会未来的发展变化。在某些时候，所谓更强的

适应性就意味着要有更多的耐心去等待真正的机会。

——弗雷德里克·保施，俄亥俄州县级工程师协会

（County Engineers Association of Ohio）执行董事

有句老话叫："你和待解决的问题之间总要借助一个会员。"这句话被一遍遍地印证。但直到你就任 CEO 后，这句话似乎就成了一个朦胧而又模糊的描述，正所谓当局者迷。其实并非如此，能够巧妙老练地将志愿领导部署在协会的服务岗位上是你作为领导者职业生涯成功的关键之一。

——温蒂·卡瓦纳（注册社团管理师），佐治亚社团管理者协会（Georgia Society of Association Executives）总裁

当一个人拥有了超过 30 年的协会从业经验之后，会发现协会经营管理成了一种奇妙且变化无穷的工作。我希望这本书能给予你指引、智慧和信心，它们对于新任 CEO 而言必不可少。

附　　录

评估协会现状

作为一名新任 CEO，你需要对协会当前的情况进行评估，尤其要对协会的财务、人员、规划、技术、会员以及沟通状况进行了解。本书为你概述了协会管理中的各种细枝末节以及作为新任 CEO 的相应角色定位。

不过，若要想全面了解掌握协会的架构（能够知道在你的带领下协会可以在哪些方面做出改进），就应该去完成一次协会的内部评估。

内部评估能够恰当地帮助你把握协会的管理体系，掌握各种管理文件和管理程序。要知道，能轻易地整理出协会所有的管理文件会令人感到非常的安心（因为每个人都知道文件的所在）。作为新任 CEO，对协会的内部评估能够让你和董事会对协会目前比较完备的方面（即你接任 CEO 对协会的基本水准）和未来仍需补充完善的方面做一个全盘了解。协会的内部评估是一个战略起点，它将成为路标指引着你并辅助你的工作。

你可以选择以聘用的方式邀请顾问来帮助你对协会进行全面内部评估。当然，如果能委托一家外部咨询机构来处理评估事宜也会是一个不错的选择，因为外部机构能够以客观第三方的角度为你提供评估报告。如果协会从来没有进行过财务审计的话，那么我强烈建议你也同样开展一次针对协会财务状况的审计检查。在此我想再次强调的是，协会内部评估结果是一份非常实用有效的报告，它能够为你和董事会提供协会现状的全貌。

你应该去亲身开展一个评估工作，这个评估的资料将会成为你所负责清点领域的一种工作概览。这能够帮助你明确自己的管理文件和工作流程，而最终的评估报告对于你自己、员工以及董事会来说都是很有价值的。你很容易就能将评估列表化，并在被统计的每个物品列项旁边注释出储存的位置、上一次的注册时间以及是否丢失等情况。

最后，我还是附上了在接任 CEO 工作的最初几周里需要完成的事项提醒清单。虽然这个清单是供小型协会组织的执行管理者使用的，但是里面的许多提醒列项可以适用于所有规模大小的协会组织。它虽然说不上是全面详尽的，但是却能够帮助你迈出第一步。

内部评估检查表

管理文件

- 组织章程
- 现行规章制度
- 董事会政策汇编（最好以政策手册的方式呈现）
- 501（c）（3）类组织的营业税减免执照
- 战略规划
- 董事会承诺书
- 董事会议议程示例
- 董事会会议纪要
- 董事会评估
- 工作程序操作指南（财务方面和人事方面）

公开备案记录

- 国税认可信函
- 美国国税局 990 表
- 美国国税局免税申请表 1023 或 1024 表［如果协会被划分为 501（c）（3）类型］

法律文件和内部文件

- 保险政策
    - ——董事与高级职员责任险
    - ——一般责任险
    - ——活动／会议取消保险
- 董事会政策
    - ——反垄断政策
    - ——利益冲突政策
    - ——表见代理政策
- 合同协议
    - ——软件合同
    - ——版权合同
    - ——设备合同
    - ——近期酒店租赁和办会合同
    - ——发言人协议书
    - ——关联性收入项目合同或非预期性收入项目合同
    - ——赞助合同

财务事项

- 年度预算
- 财务报告
- 近期审计
- 记录留存政策
- 财务操作程序手册

- 401（k）计划 ① 或退休金计划文件
- 近期的协会薪资福利调查
- 当你出售图书、衣物或是其他产品时需要提供的销售税证书

组织机构文件

- 房屋租赁合同或抵押贷款文件
- 组织结构图
- CEO 或关键成员的继任计划
- 人事手册或人事指南
- 人事档案（包括：岗位描述、绩效评估，以及 W-2 和 W-4 报税表格）
- 银行账户列表
- 记录有计算机密码以及关键联系人信息的文档（包括：审计员、律师、IT 顾问、会计师、银行业务往来联系人、退休金计划行政官员、医疗保险公司）

---

① 401（k）计划也称 401（k）条款，是指美国 1978 年《国内税收法》新增的第 401 条 k 项条款的规定，是一种由雇员、雇主共同缴费建立起来的完全基金式的养老保险制度。该计划于 1979 年得到法律认可，1981 年又追加了实施规则，20 世纪 90 年代迅速发展，逐渐取代了传统的社会保障体系，成为美国诸多雇主首选的社会保障计划，适用于私人营利性企业。——译者注

着手开始：任职初期需要完成的事项

你需要主导并完成大量的信息收集工作，尤其是在协会只有你自己，或是仅仅拥有一到两名雇员的时候。

对于初次就任 CEO 的人来说，能准确地总结出工作中的问题都将是一个挑战，所以我列举了若干工作方针以供参考。

员工、顾问、项目以及合同

- 如果可能的话，请约见协会即将离职的 CEO 或是处于过渡期的临时执行董事，以便了解协会中未完成的工作任务、临近的工作期限以及工作项目状态等方面的信息。
- 完成有关人事任用方面的必要文书工作，包括完成 I-9 表格 ① 和 W-4 表格以及薪金直接入账的记录。
- 确定协会雇用的外部合作方都是谁，例如：会计师、说客、律师、教师等，并安排与他们的会面。
- 审查当前的合同条款和今后举办协会年会和贸易展览会的场地合同以及协会有关的技术、设备和关联性收入项目等方面的合同。
- 检查员工档案信息、工作岗位描述以及工作绩效评价。
- 检查员工手册。

---

① I-9 表格（Employment Eligibility Verification: I-9），即就业资格认证表。在美国找到工作后，雇主必须为每一位雇员，包括美国公民、合法永久居民和暂时外籍工，填交 I-9 表格，以证明雇主守法和证明雇员获准工作。—译者注

- 检查协会年历。如果协会没有年历，那么你需要着手制作一个。年历中应当包含由协会组织召开的委员会会议和董事会会议、年会和其他教育培训项目安排、全国性协会大会、节假日和办公室休息日、董事会提名截止时间、会刊出版或交流沟通的期限。
- 与每一位职员单独会面以考察他们的工作陈述和任务职责。
- 为员工开展团队建设活动。
- 检查员工及董事会成员的差旅和报销政策，审查公务信用卡的使用、差旅报销单以及报销凭据的采用规则。

办公室事务与科技

- 确认办公室钥匙或办公楼门禁卡的持有人员，确认离开办公室前的安全检查流程。
- 明确办公室维护、清洁以及美化公司的联系方式。
- 获得 IT 工程师的联系方式。了解有关计算机安全、密码更改以及远程访问的知识，明确有关文件备份、云端存贮或是文件储存方式等内容。确定协会网站域名的注册事宜以及其他需要每年更新续签的协议，比如：与调查机构的合同或是电子商务协定等。
- 确置或建立一个文档，里面列出协会所有的财务和固定资产情况。
- 明确哪些设备是协会所有的，哪些是租赁的。
- 搞清协会目前使用的是什么管理体系，确认这个体系目前的工作状态是否良好。要谨慎对待协会管理体系方面的任何快速更动，除非你对协会的需求、资源和支出有了全部的了解和掌握。
- 检查会费政策、会籍分类、会费记账流程、会费配比以及会籍申请流程。
- 明确协会网站维护的负责人。

财务事宜

- 与协会的会计师一起就协会的财务状况、预算情况以及以往的审计情况进行检查。

- 检查协会的工资单和所得税、应付账款和应收账款政策、资金流动情况、销售税和缴税储备、财产税、最近的纳税申报单以及票据资料的入档规则。

- 检查协会的投资账户、货币市场账户以及定期存款账户。检查协会所有的银行账号并了解学习开具支票的流程。明确支票签署的被授权人和签署上限。此外，还要记得更改银行的签名卡样。

- 明确协会所有的收入来源，比如：会费收入、非会费收入、产品销售收入、培训项目收入、贸易展览收入、出版及版税收入。

- 确定协会是否使用密码箱来进行会费的保管工作。

- 确定协会是否设有保险箱以及邮政信箱。

- 查明是否有适用于协会资金募集活动的指导原则和时间安非表。

- 查看所有相关组织的同类信息（基金会、政治行动委员会 ① 、以营利为目的的附属机构）。

董事会事宜

- 与董事会主席和执行委员会会面，就任职最初六个月的工作目标达成

---

① 　政治行动委员会（Political Action Committee，PAC）是美国的一种由工会、工商界、贸易组织或独立的政治团体（后来也涵盖了一部分协会团体）组织的，为竞选各级公职的候选人筹集政治资金的非党派的基金管理机构。政治行动委员会可以吸收选民的捐款，同时也可以向候选人及政党捐款。目前美国共有各种政治行动委员会超过 4000 个。——译者注

一致。

- 审查协会的战略规划和进展。

- 与财务主管约谈，检查协会的预算、账目，了解近期的财务状况。

- 明确任命常务委员会主席的权属人、明确委员会工作志愿者的甄选机制、明确董事的差旅报销政策以及明确免费注册的各种惯例。

- 回顾董事会任职培训，内容包括任职培训的举办时间、负责人以及培训对象。

- 讨论董事退位后的计划或需求。

法律及立法事务

- 如果协会有自己的固定律师，要面谈他们的职责和薪酬，并帮助协会判断是否还有悬而未决的法律问题。

- 如果协会拥有说客，要面谈他们的职责和薪酬，并获取有关监管和立法方面的最新消息。此外，还要对政治活动委员会及相关文件进行讨论。

- 如果协会没有说客，那么应该去任命进行宣传或游说工作的负责人；由谁来定义宣传活动的最终目标？相关报告是否已经存档？如果由你来作为协会的说客，那么你需要对相关的说客注册事务有所了解。

范例 1 新任董事会培训大纲

开篇介绍—入门

任务使命

工作愿景

战略计划

董事会成员

资源 / 背景介绍，包括图片资料

董事会管理

- 工作职责
- 工作目标（签署承诺书）
- 利益冲突
- 反垄断
- 合法薪酬及相关政策

财务事宜

- 财务情况
- 预算情况

员工、职责与项目

- 培训教育
- 会籍管理
- 交流联系
- 经营管理

委员会 / 特别任务小组

大事记 / 董事会会议日程

参考资料（培训手册内容回顾）

- 规章制度
- 政策
- 以往会议纪要

CEO 汇报最新进展情况

- 热点话题 / 当前项目
- 新项目
- 差旅报销规定

范例 2　董事会承诺书

我理解并接受 ××× 协会董事会的责任和义务，并尽我最大能力来为董事会服务。

我知晓这是一个需要发挥效用的董事会，而非一个荣誉职位。因此，我将出席定期召开的董事会会议、教育研讨会、协会年会以及由协会组织筹备的其他的项目活动。

我知晓如果缺席董事会会议，需要在会议召开日之前告知董事会主席。我知晓连续两次无故缺席董事会会议将被认作自动退出董事会。

我知晓 ××× 协会的业务工作可能涉及保密性质，并只能在董事会会议之外公开适当的信息内容。

我知晓协会所制定的政策和做出的业务决策必须是以协会会员的最优利益为出发点。并且，我将全力支持董事会所做出的各项决定。

我知晓，若自己承担的其他团体或组织的职责与 ××× 协会存在利益冲突的话，我必须向董事会公开这种情况，回避相关问题的决议（详见利益冲突政策）。

我知晓 ××× 协会以会员经营为核心，我也将成为一名会员招募的积极推动者。

如果我无法承担这些职责，我会辞去职位并放弃该声明。

签字：＿＿＿＿＿＿＿　　　日期：＿＿＿＿＿＿＿

范例 3　董事会议程

议　程

×××协会

×××协会的任务使命：＿＿＿＿＿＿＿＿＿＿＿＿

日期：＿＿＿＿＿＿＿　　　　　　地点：＿＿＿＿＿＿＿＿＿

时间：＿＿＿＿＿＿＿　　　　　　城市，州：＿＿＿＿＿＿

　　由董事会主席欢迎与会人员并宣布会议开始，确定出席董事会会议人员达到法定人数。

（上午 9:00）介绍与会人员／介绍新进的董事会成员／发布通告。

1. 协会业务／任务议题

A. 批准通过第 ××× 次董事会会议纪要　任务议题　　　负责人姓名

B. ××× 协会财务情况　　　　　　　　　任务议题　　　负责人姓名

C. 议题示例：董事会提名名单　　　　　　任务议题　　　负责人姓名

D. 议题示例：审计报告　　　　　　　　　　　　　　　　负责人姓名

2. 战略讨论

2015—2017 年战略规划（包括目前进展和待完成事项）

- ××× 项目 ＿＿＿＿＿＿＿＿＿＿＿＿＿　负责人姓名
- ××× 项目 ＿＿＿＿＿＿＿＿＿＿＿＿＿　负责人姓名
- ××× 项目 ＿＿＿＿＿＿＿＿＿＿＿＿＿　负责人姓名

3. 协会管理情况报告

4. 情况报告
A. 培训教育

B. 会员管理

C. 非会费收入

D. 立法

E. 交流沟通

5. 讨论 / 新业务

6. 休会
宣布下一次会议召开时间

范例 4 董事会会议评估表

日期：＿＿＿＿＿

1. 会前的沟通	是	否
会前发布的有关会议时间、地点、议程等所有信息是否对您有所帮助并沟通及时？		
议程是否经过精心策划，内容是否清晰明确？		

评价结果：＿＿＿＿＿

请以 1—5 分来评估以下问题，1 为最低分，5 为最高分。

2. 会议	1—5
会议设施是否能满足您的需求？	
您认为董事会主席是否有效地主持了会议？	
您是否觉得可以自由地发表意见，表达担忧？	
您对会议中员工参与度的评价是？	

评价结果：＿＿＿＿＿

3. 会议内容	1—5
作为一名董事会成员，会议所呈现的内容对您有多大帮助？	

评价结果：_____

4. 请对以下会议板块的形式 / 内容 / 讨论情况做出评估	1—5
协会业务——财务、会议记录	
发展战略回顾及讨论	
委员会及工作组最新情况	
领导层最新情况	
信息部门报告	

评价结果：_____

5. 关于您	1—5
您如何评价自己对此次会议的准备情况？	
您如何评价自己对此次会议的参与情况？	

评价结果：_____

6. 您认为今后的董事会会议应该做出什么样的改进？

7. 您是否还有其他的意见或建议？

范例 5　审计招标书（需求建议书）

背景介绍

　　×××协会目前正向在协会的审计与报税方面具有丰富经验的多家注册会计师事务所招标三年的服务合同。

　　×××协会是被美国税务局划分为 501（c）（6）类型的免税组织，总部设立在××州××市。雇员人数大约为×××名。

　　上一次的审计工作是由协会的×××来执行的，他将同样有机会参与这次审计工作的再投标。如果最后他未能中标，那么其将辅助新的审计人员，提供相关的工作文件并参与探讨审计与税务方面的所有重要事务。

　　本协会专注于为大约×××个从事×××领域活动的会员组织提供有关服务标准、经营规则、技术发展、政策事务、经济领域以及市场拓展等方面的服务。协会每年要为会员开具××次服务票据。

　　协会以最低的成本管理着一个教育基金会，对该实体基金会的审计也属于此次竞标的一部分。

　　协会的政策由董事会来决定，董事会则由各会员企业的 CEO 组成。×××协会的 CEO／执行董事是协会中的高级行政管理人员。协会运营的关键组成部分包括：执行委员会、财务委员会、董事会主席和总裁。协会的运营预算大致分为如下份额：运营费用（占比 $x\%$）、培训教育服务项目费用（占比 $x\%$）、交流沟通费用（占比 $x\%$）、政务费用（占比 $x\%$）。

财务状况

×××协会在××××财年的收入约为×××百万美元，支出总计约为×××百万美元。协会收入构成如下：会费收入（占比 $x\%$）、会展收入（占比 $x\%$）、出版物收入（占比 $x\%$），剩下的 $x\%$ 主要为投资收入。

×××协会每个月平均开具×××张支票。协会的半月薪金是由外部托管机构全权管理，工资主要通过直接存款的方式进行支付。协会以广告形式赚取非相关商业行为收入，并且因此要填写提交 990-T 年度报表（免税组织非相关商业行为所得税表）。

计算机设备及财务软件

××××年，×××协会成功地将其会员和会计数据库信息转换至美国舱单申报系统（America Manifest System）/ 其他舱单系统。

退休金计划

×××协会发起并建立了养老界定福利计划（计划参与者在退休时所获得的利益就已经被界定好了）以及合作式的 401（k）储蓄计划（一种由雇员和雇主共同缴费建立的完全基金式的养老金制度）。我们不要求将与这些退休金计划有关的事项作为此次审计招标或税务工作的一部分，除非这些计划的工作流程需要被公开在×××协会的审计报告以及纳税申报单中。

时间安排

×××协会采用标准公历计年。我们期望能够做好此次审计的准备工作，在××××年的5月初开始现场办公，并且预计在××××年6月30日递交财务报表和管理信函。纳税申报单预计至少在管理部门要求的截止日期的前五日交付完成，以供管理部门进行审核而不至延期提交。

范例 6　CEO 评估示例

在阅读了有关 CEO 素养与能力的总结内容之后，我们通过使用下述等级划分，来标示 CEO 在以下各方面的职责目标和职责预期的达成情况。

说明：请勾选或标记出每一个职责领域的工作绩效等级。这里提供了评级描述来作为你划分等级的原则和依据，每一个评论都应当能支撑得起所给出的相应等级。如果有需要，请添加格外的表格。

等级 5	等级 4	等级 3	等级 2	等级 1
榜样执行官	远超预期	达到预期	勉强完成绩效	绩效差强人意
领袖中的典范，毫无疑问可以创造非凡的成就	完全胜任职责，贡献远超 CEO 的工作本身；工作表现持续超越绩效目标	处理问题和承担职责符合角色要求；能够达到 CEO 的工作标准；工作表现持续达到绩效目标	职责范围内许多工作领域的表现持续低于预期；必须施加明确的发展要求才能达到绩效预期	对于基本的职责要求不明确，并且没有任何改善的迹象

第一部分——CEO 职责

管理和领导力

- 能对协会整体的日常管理工作负责；能建立必要的标准来检查和评估整个协会组织及其主要职能活动的表现情况。
- 能对有关员工的雇用、培训、薪酬以及绩效考核等方面的决定负责。
- 能与法律总顾问和董事会共事并能够对法律问题以及相关事务做出充

分响应。

5	4	3	2	1

预算和财务

- 能指导年度预算的编制工作以供董事会批准；能定期且及时地向董事会递交财务报告。
- 能维护财务报告的准确性；能使用与财务管控相关的最佳运营管理方式；能雇用第三方机构来进行协会的年度审计工作；能解决管理建议书中所提出的任何问题。
- 能根据董事会的意愿或视情况而定商议所有合同内容。

5	4	3	2	1

董事会工作程序及工作关系

- 能制定并向董事会推荐远期和近期的工作目标；能制定与协会目标和新型战略问题相适宜的工作计划。
- 能清楚地传达战略规划并建立战略规划达成的阶段性指标；能利用战略规划来制定协会预算并规划当年工作。
- 能与董事会主席共同协作，筹备并协调董事会会议与执行委员会会议，其中包括：制订会议议程、撰写符合水准的工作报告、准备会议背景资料。
- 能为健康良好的工作关系、建设性的对话机制和基于知识的决策机制创造环境；能提出新的观点想法；能为董事会的研讨和商议做出贡献。

5	4	3	2	1

会员关系与福利

- 能改进和提高协会的会员服务工作；能确保协会所提供的项目和服务能契合不同职业发展阶段和不同技术能力水平的专业人士的需求。
- 可以保证协会员工能够对会员的询问质疑做出快速的、彻底的以及专业的回应。
- 都能够有效地传递政策和摆正位置。
- 能开展相应的会员和市场调查以确保协会的项目和服务能够做出相应的调整；能够在项目规划和服务中引入新的想法并适当地使用技术手段。

5	4	3	2	1

公共关系和代理

- 能开创、发展并为推动协会联盟建设做出贡献；能维护并拓宽在行业、协会、研究机构、基金会以及政府机构等方面的合作伙伴及潜在合作伙伴网络。
- 能指导协会的宣传推广工作和公共关系活动；作为 ××× 的发言人，能获得协会外群体的重视。
- 能监管协会的相关立法活动并成为协会同 ××× 之间的组织联络官。
- 能与协会的关键顾客群体保持有效的联系，包括：参展商、广告商以及赞助商等。
- 能够鼓励会员和员工在相关组织中担任领导角色并以其他方式惠及协会和行业发展。

5	4	3	2	1

第二部分——CEO 专业素质与表现

对专业品质的保证

展现对工作的热情；彰显对协会使命的追求；制定客观有效的方案；提升工作效率和优化工作环境；所做的工作符合协会的最佳利益；监管或修正部门适合协会的经营方针政策。

5	4	3	2	1

交流沟通

能够使用恰当的、易于理解的言谈开展交流；能有效地倾听他人意见；当需要时能够清晰有效地撰写和记录；能够与同事和领导进行信息共享。

5	4	3	2	1

冲突解决

能够接受关乎自身成长与发展的建议；能通过适当的途径主动解决潜在问题；能寻找有效的替代解决方案（或能在必要时采取折中）；能够向同事提供建设性意见；能够为自己的行为负责。

5	4	3	2	1

首创精神

能够担负责任，圆满完成工作并具有解决问题的创新性和创新方法；能够在常规工作之外承担新的工作；能跟进工作项目和任务；能够预估项目进程中的潜在障碍；能够展现出相应的独立思考能力和执行力。

5	4	3	2	1

团队合作

能寻求并容纳不同的观点；能对他人的独特性表现出尊重；能够维护商业秘密；能与他人高效合作；能够了解并尊重每个人的角色；能够合作实现协会的工作目标；能够开展相互合作，有团队作战精神。

5	4	3	2	1

第三部分——具体的战略目标

目标 1

5	4	3	2	1

目标 2

5	4	3	2	1

目标 3

5	4	3	2	1

第四部分——评估说明

- 请找出你认为特别值得注意的事例，并解释它们是如何证明了上述你对 CEO 工作的评价。
- 请找出你认为该 CEO 应当得到认可的工作成就。
- 请指出 CEO 工作中需要有所改进的方面。
- 请明确你要为 CEO 在下一年度工作中所设立的最重要的任务目标。

提交人：_____　　　提交日期：_____

范例 7　CEO 聘任协议
（建议由律师审核）

本协议是由 ××× 协会和 ×××（雇用的 CEO 姓名）于 ×××（日期）所签署。鉴于双方协议要在此达成，并出于其他方面的重要考量，双方达成意见如下：

1. 聘用与任期： ××× 协会聘用职员作为总裁／执行董事来为协会进行工作。

该职员同意为 ××× 协会工作，任期 3 年，时间从 ××× 起开始，××× 时结束。

在 3 年任期结束之后，该协议将在每年的 ××× 时间自动续约下一年度的任期，直至协会或 CEO 本人取消了协议（参见第 5 或第 6 部分的条款）。CEO 首个任期的第一天以及后来自动续约任期的头一天都应当作为该协议的生效日期。尽管有上述事项，但 CEO 任用期限的终止还是要遵守下面所述第 5 部分和第 6 部分的条款内容。

2. 工作职责： 在本协议规定的任期内，按照第 6 部分的条款规定，聘任人员应当以协会总裁或 CEO 的身份受聘于该协会，并且应当为协会履行作为总裁或 CEO 的工作并承担相应的责任和义务。除了那些描述在协会规章制度和岗位说明中的工作职责以及那些可能由执行委员会临时分配的工作职责之外，受聘 CEO 还应当承担以下职责：

（1）执行协会的政策；

（2）作为董事会主席的顾问和助理；

（3）全权处理协会的办公室管理工作；

（4）聘用和解雇所有的协会员工；

（5）直接向协会董事会主席汇报工作。

受聘CEO必须将他全部的工作时间投入在协会的业务工作上和后续所述的职责绩效表现上，他必须以勤勉的态度和得体的方式履行这些职责，并且必须始终努力追求协会的利益最大化。

3. 薪资报酬： 受聘CEO所有酬劳薪资，应当依照协会常规的工资支付计划和依照董事会的指示并经过CEO本人同意后，在某一时间以某种分期方式进行发放。本协议生效的第一年，受聘CEO的工资为每年××美元。

除了工资之外，受聘CEO还会得到一种额外津贴或称奖金。额外津贴或奖金数额多少将由协会的执行委员会自主裁决。自主裁决意味着在执行委员会制定的标准下，他们可以自行决定是否应当向受聘CEO发放津贴以及如果发放的话津贴数额是多少。

在协议所规定的CEO任期内，执行委员会应当在设定的××日期之前完成以下年度事项：

（1）为在下一年度××日期结束的第二个财政年确定工作目标；

（2）作为受聘CEO年度绩效考核的一部分，判定CEO对先前所设定的工作目标的完成程度；

（3）在第二条判定的基础之上，确认在接下来的第二年工作任期里应支付给受聘CEO的薪酬数额。

如果执行委员会没有为受聘CEO设置下一年度的工资水平的话，那么该受聘CEO的工资数额应当等同于当前这12个月任期的工资水平。绝对不能在本协议所规定后续任期内削减受聘CEO的工资数额使其低于先前任期的工资水平。

4. 受聘CEO的福利待遇及费用报销： 作为对协会工作服务的进一步补偿，受聘CEO应获得以下福利及费用报销：

（1）受聘CEO应当有权享受诸如退休金计划、团体人寿保险、住院保险、伤残险以及其他在一般情况下已经（或以后可能）为协会其他雇员所提供的福利种类。相对于受聘CEO原本所获得的工资薪酬来说，他们的福利待遇可能有着不同数额的变化。

（2）受聘 CEO 在每一个财政年度应当享受 ×× 天的个人休假。任何未使用的个人年休假天数的 5% 可积攒以后使用，但最多不得超过 ×× 天。

（3）受聘 CEO 还有权享受合理公务费用报销的待遇，只要提交相关的费用收据，包括向 ×× 州社团管理者协会、美国社团管理者协会提交的会费以及与工作相关的差旅费用。

5. 受聘 CEO 丧失行为能力：第 5 部分主要用来规定受聘 CEO 出现任何行为能力丧失的情况。在本协议中所使用的"残疾"和"能力丧失"两个专有名词是能够替换使用的，并且两者在 ××× 团体保险政策所定义的术语里都有意被解释为"行为能力丧失／残疾"。如果届时协会没有诸如此类的生效保险或是保险政策中没有涵盖此类定义的话，那么包含在组织最新定期保险单中最后一项定义应该适用解释该情况。

（1）续付工资：如果受聘 CEO 由于行为能力丧失等原因无法完全履行本协议规定下的 CEO 工作职责，该受聘 CEO 应当在一段最长不超过 6 个月的时期内，继续享受本协议第 3 和第 4 部分所规定的全款工资和全部福利待遇。在 6 个月期限过去之后，如果该受聘 CEO 仍然由于行为能力丧失而无法完全履行其工作职责的话，那么协会将酌情通过残疾保险项目或是工伤保险为该 CEO 提供福利补偿，但是他的工资将会被停止发放。依照本协议第 5 部分（1）小节的规定，任何支付给受聘 CEO 的工资或福利待遇在其丧失行为能力期间都应当继续给予发放，即使他的聘用任期在其 6 个月的领取工资和福利时限之前已经到期。受聘 CEO 应当继续有权享有上述第 4 部分（1）小节所规定的全部福利待遇，直至第 5 部分（2）小节或第 6 部分所规定的终止其雇拥关系的情况出现。

（2）由于行为能力丧失所导致的雇拥关系终止：在本协议规定下的聘用任期内，如果在受聘 CEO 伤残认定日期之后的连续 12 个月里，或者是自伤残认定之日起至未满连续 12 个月期限的任何时间段内，该 CEO 一直无法完全履行其工作职责的话，协会可能将通过其执行委员会告知受聘 CEO 协会将有意终止与其所签署的聘用协议。但是，任何此类解聘都应当自宣布停职之日起的 30 天内生效执行，或是自受聘 CEO 伤残认定日之后连续 12 个月期限结束之日起 30 天内生效。

6. 终止雇拥关系：

（1）只要以下任何一种情况发生，本协议所规定的雇拥关系都应当终止。

- 聘用任期已满（其中包括任何自动延长的聘用任期），但是执行委员会必须至少提前 6 个月书面通知受聘 CEO 他的聘用任期即将终止。

- 受聘 CEO 死亡。

- 本协议第 6 条款（2）部分规定下的任何由协会方面终止协议的情况。

- 受聘 CEO 在经过执行委员会批准后，可向协会至少提前 6 个月递交书面通知来取消本聘用协议；这至少 6 个月的书面通知期可能会跨越协议规定的当年聘用任期，并且协议的自动续约只在通知期范围内延长。该受聘 CEO 在通知期内会领取全部的薪酬。协会将自行裁定是否需要该受聘 CEO 在通知期间继续为协会工作履行其 CEO 职责。

（2）尽管有上述（1）部分的规定，但本协议下的受聘 CEO 任期应当在下列情况所规定的时限内终止，并以书面方式通知：

- 如果发生了有明确记录的、对协会利益造成直接或间接损害的不诚信、欺诈或严重过失等行为，聘用协议应当立即终止。

- 在受聘 CEO 承认自己犯罪、法院判处其有罪、州级法律认定有重罪、美国国家法律下认定有一级轻罪或重罪的情况下，聘用协议应当立即终止。

- 由于受聘 CEO 持续不重视或忽视本协议规定下应当履行的 CEO 职责时，将书面通知其 3 个月内终止聘任关系。但是该条款规定下的聘任关系并不会终止，除非发生以下情况：

——已经以具体书面通知形式告知受聘 CEO 其持续不重视或忽视

的职责内容是什么，而且已经给予他至少 3 个月时间来完成整改工作，但情况仍旧没有改善的；

——由于受聘 CEO 违反了本协议保密约定揭露有关信息，或是出现了有关雇拥条款以及本协议其他条款和规定的其他严重违约现象，聘用协议自书面通知之日起 3 个月内终止的。

（3）本协议下的 CEO 聘用任期还可能会根据协会换届或是 CEO 选举任免情况来进行终止，通过提前至少 12 个月或是依照协会与 CEO 双方缔约的更短时间界定以书面形式通知另一方终止聘任协议。但在本条款下，如果是由协会方终止的聘拥关系，那么受聘 CEO 应当：

- 立即停止担任 CEO／执行董事的职务；
- 在收到通知的 12 个月期限内履行协会管理职责，并且确保 CEO 工作成功交接。倘若将来是 CEO 一方在本条款下终止聘用关系，那么受聘 CEO 应当继续履行本协议规定的 CEO 职责，直至聘用关系终止那天。

执行委员会将在本协议第 6 部分条款规定下全权代表协会组织采取任何行动。

7. 解聘效力：如果受聘 CEO 的聘任协议是根据上述第 6 部分的（1）条款或（2）条款［而非（3）条款］里所述情况予以终止，那么除了在第 5 部分或第 8 部分特别提到的条件外，本协议都不再具有法律效力。而且，受聘 CEO 不用再履行任何职责或承担协会工作义务；协会也不应再承担任何聘用的责任和义务或是继续发放第 3、第 4 部分里所规定的薪酬和福利，除非是根据和遵照协会政策条例中的有关限制性要求，受聘 CEO 有资格享受自聘任关系终止之日起任何应计但尚未支付的薪酬款项。

8. 知识产权、保密、竞业禁止 [1]：受聘 CEO 认可并同意其所有工作所

---

① 竞业禁止，又称为竞业回避、竞业避让，是用人单位对员工采取的以保护其商业秘密为目的的一种法律措施，是根据法律规定或双方约定，在劳动关系存续期间或劳动关系结束后的一定时期内，限制并禁止员工在本单位任职期间同时兼职于业务竞争单位，限制并禁止员工在离职后从事与本单位竞争的业务。——译者注

产生的著作权、商标或是其他知识产权都归协会所独有，并且承诺不会向协会或任何第三方机构主张对这些著作权、商标或其他知识产权的所有权。由任何一方出于任何原因取消了本协议后，该受聘CEO应该向协会交出文件、书籍、指南手册、清单、记录、出版物、其他文字材料、办公室钥匙、公务卡、计算机存储数据、硬件和软件、办公设备以及制度条款等所有这些因协会聘任所产生的CEO资产内容，并且在未经执行委员会书面批准的情况下不得复制这些内容。在任职期间内，受聘CEO应秘密地维护任何有关协会和会员的信息，其中有些信息是机密的，有些则可能是由于CEO认为应该进行保密管理的。

9. 免责赔偿： 如果因该CEO就任或曾经就任协会雇员或因为按照协会的要求开展工作，从而成为或被迫成为任何具有威胁性、未宣判或已结案的法律行为、诉讼案、犯罪行为的当事人的话，那么协会应当予以受聘CEO免责补偿处理。尽管事实上与法律行为、诉讼辩护及和解有关的费用是由该CEO的行为所引发的，但如果该CEO是为了维护协会的最佳利益，出于好意采取的合理行为导致了法律诉讼，那么他也可以免除承担包括律师费在内的所有开支责任。

如果CEO在履职过程中被判定负有重大过失、行为鲁莽或不当故意行为责任时，那么由此引发的犯罪、诉讼或案件等法律行动协会则不予免责。

10. 本协议的适用法律及效力： 本协议应受×××州法律管辖，并且解释权归该法律所有。本协议构成了有关员工聘用的所有协议条款，并且具备针对所有其他聘用协议的排他性。

11. 纠纷调解： 如果对本协议的任何部分存在分歧，那么协议双方应当在提请任何××州内的法律诉讼之前先进入调停仲裁程序。调停程序应在××城市进行，并应遵循××州调解争议的适用规则。

以兹证明，本协议一式两份，双方自签约日期起开始执行。

日期：_____　　　　　　　　日期：_____

签字：_____　　　　　　　　签字：_____

受聘CEO：　　　　　　　　　　　董事会主席：

关于作者

贝丝·布鲁克斯（注册社团管理师）是得克萨斯州社团管理者协会总裁兼 CEO，她在非营利性组织这一领域中的职业生涯已累积超过了 30 年，并于 2002 年起开始领导得克萨斯州社团管理者协会。

在进入得克萨斯州社团管理者协会工作之前，贝丝曾分别在得克萨斯州牙科协会和得克萨斯州害虫防治协会各供职了 10 年。她是美国社团管理者协会和得克萨斯州社团管理者协会会龄超过

30 年的会员，注册社团管理师。贝丝是一名活跃的作家、演说家、协调人，并为协会的专业管理者和董事们提供咨询服务。她充分了解领导者与志愿者之间的关系，更重要的是，她懂得执行管理者和员工间真正的角色定位。

作为一位母亲，她曾在过去的 14 年里，作为志愿者服务于许多学校和地区体育委员会，活动范围从学术界到体育界；她还做过校园绿化的志愿者。

在闲暇时间里，贝丝会和家人一起旅行。她热爱园艺、阅读、冰壶和游泳。她和丈夫戴维有一个正在读大三的儿子，名叫马修。

在贝丝的职业生涯中，曾帮助过 24 位协会管理者渡过难关，其中包括得克萨斯州牙科协会执行董事以及得克萨斯州害虫防治协会和得克萨斯州社团管理者协会的 23 位志愿主席（这些主席对于如何运营管理协会都有着自己的不同看法）。

贝丝的这本书就是要为大家提供思路，期望以此来帮助协会管理者懂得如何去应对前所未有的各种挑战。